Susan Bögels

Elternsein
die ganze Katastrophe

Susan Bögels

Elternsein
die ganze Katastrophe

Achtsam mit Kindern wachsen

Aus dem Niederländischen übertragen von Anja Lademacher

arbor
Arbor Verlag
Freiburg im Breisgau

Die Originalausgabe erschien unter dem Titel:
Mindful opvoeden in een druk bestaan
Original as licenced: *Aandachtig Ouderschap* © 2017 by Susan Bögels
Originally published by Ambo | Anthos Uitgevers Amsterdam.

1. Auflage 2018

Illustration Cover: © 2018 stockshoppe/shutterstock.com
Lektorat: Georg Grässlin
Druck und Bindung: Kösel, Krugzell
Hergestellt von mediengenossen.de

Dieses Buch wurde auf 100% Altpapier gedruckt und ist alterungsbeständig.
Weitere Informationen über unser Umweltengagement finden Sie unter
www.arbor-verlag.de/umwelt

www.arbor-verlag.de

ISBN 978-3-86781-212-2

Inhalt

When a flower does not bloom, you fix the environment in which it grows, not the flower.

Wenn eine Blume nicht blüht, verbessert man die Bedingungen, unter denen sie wächst, nicht die Blume

ALEXANDER DEN HEIJER

Vorwort

Als wir noch klein waren, arbeitete meine Mutter weit mehr als Vollzeit. Und das war in einer Zeit, in der Frauen in den Niederlanden oft noch „wegen Heirat“ entlassen wurden, etwas Besonderes. Meine Mutter war eine hervorragende Künstlerin und Modedesignerin – und viele soziale Kontakte und etliche Hobbys hatte sie außerdem.

Wenn wir aus der Schule kamen, saß daher nicht, wie in anderen Familien, unsere Mutter am Tisch und trank ihren Tee, sondern eine Babysitterin. Wir sagten jedem, der tagsüber anrief und meine Mutter sprechen wollte (und das kam nicht selten vor), dass er oder sie nach sechs zurückrufen sollte, wenn meine Mutter zu Hause war und kochte. Dass wir warten mussten, wenn wir unsere Geschichten aus der Schule loswerden wollten, störte mich als Kind kein bisschen. Ich fragte mich nur, warum meine Mutter so gehetzt aussah, wenn sie nach der Arbeit nach Hause kam, und warum die Kartoffeln ständig entweder nicht gar oder verbrannt waren.

Jetzt, da ich selber Kinder habe, kämpfe auch ich mit dieser doppelten Herausforderung, voller Begeisterung zu arbeiten und den Wunsch zu haben, bei meinen Kindern zu sein – körperlich und geistig.

Als ich während meiner Ausbildung zur Psychotherapeutin über meine Herkunftsfamilie berichtete, war ich gerade mit meinem ersten Kind schwanger. Als ich zu Ende gesprochen hatte, meinten die anderen: Und jetzt machst du es sicher ganz anders als deine Mutter! Das überraschte mich ziemlich, denn ich wollte es eigentlich genauso wie meine Mutter machen: Arbeit, Kinder, Freunde, Hobbys, ein intensives Leben – oder, wie Jon Kabat-Zinn, der Begründer der Achtsamkeit im Westen, es nennt: *full catastrophe living!* [1]

In dieser Situation – mit kleinen Kindern und am Anfang meiner beruflichen Laufbahn – entdeckte ich die Meditation für mich. Ich meditierte in der Badewanne, um so doch noch zwei Dinge gleichzeitig erledigen zu können. Wenn ich Yoga machte, hatte ich auch gleich meine Sporteinheit absolviert. Aber einfach nur ein paar Augenblicke für mich zu reservieren, in denen ich nichts tat, nur auf meinem Kissen saß, einfach nur meinem Körper nachspürte, auf meinen Geist lauschte, die Stille wahrnahm und in diesem Augenblick anwesend war, das fiel mir unheimlich schwer. Dieses Nichtstun erschien mir im Alltag viel leichter, wenn die Kinder dabei waren, ich ihnen zusah und ihnen zuhörte, sie fühlte, sie mich erstaunten, wenn ich an keinem anderen Ort sein musste als an dem Ort, an dem ich mich gerade befand: bei ihnen. Aber erst die harte Arbeit auf meinem Kissen lehrte mich, was wirklich mit der Aufmerksamkeit geschieht, wenn noch so viel zu erledigen ist und es scheinbar so viele interessantere Dinge gibt, als sich auf den eigenen Geist und den eigenen Körper zu konzentrieren. Aber genau diese Arbeit hat das Bewusstsein für meine Rolle als Mutter geschärft, für meine Kinder und für die kostbare Zeit, die wir miteinander verbringen.

Was aber bedeutet „achtsame Erziehung“ eigentlich? Zur Beantwortung dieser Frage, soll zunächst beleuchtet werden, was unter Erziehung verstanden wird. Die folgende Definition* stammt aus dem Jahre 1908: „Einem Lebewesen Nahrung und Pflege zukommen lassen, sodass es sich entwickeln kann." Bei dem allgemeineren Begriff „aufziehen" (niederländisch: *grootbrengen*) denkt man vor allem an die körperliche Entwicklung, wobei hier oft der Gedanke im Vordergrund steht, dass das Aufziehen Sorgen und Mühe bereitet. […] „Erziehen" (nl.: *opvoeden*, Anm. d. Übers.), im ursprünglichen Sinne Nahrung und Pflege zukommen lassen, wird inzwischen fast ausschließlich in der Bedeutung „formen" und „entwickeln" benutzt; so spricht man von körperlicher und geistiger Erziehung; jemanden zu einem nützlichen Mitglied der Gesellschaft erziehen."[2]

Interessant hierbei ist, dass es in der Definition von „Erziehung" (mit Bezug auf niederländisch *opvoeding*) offensichtlich eine Bedeutungsentwicklung gegeben hat, von der Betonung des Aspektes der Versorgung des Kindes mit Nahrung und seiner Pflege hin zu dem Aspekt, das Kind zu formen und in seiner Entwicklung zu unterstützen. Und interessanterweise wird dabei erwähnt, dass Erziehung mit „Sorgen und Mühen" einhergeht. Heute erleben Eltern dies im Wesentlichen in Bezug auf die psychischen Aspekte bei der Erziehung ihrer Kinder, obwohl natürlich auch die körperlichen Aspekte Sorgen und Mühe bereiten können: die ersten Stillversuche, die Fragen rund um eine gesunde Ernährung und ein gesundes Leben in Zeiten von Fastfood, Medienkonsum, zunehmender Luftverschmutzung, Alkohol- und Drogenmissbrauch, der Schutz der körperlichen Unversehrtheit unserer Kinder und die finanziellen Aspekte der Erziehung, wie zum Beispiel die Finanzierung eines Studiums.

Aber es sind eben vor allem die psychischen Aspekte, bei denen es um die „Erziehung unserer Kinder zu nützlichen Mitgliedern der Gesellschaft" geht, die Eltern Sorgen und Mühe bereiten – oder eben Erziehungsstress.

---

* … des niederländischen Wortes für erziehen: *opvoeden* [*voeden* – füttern, ernähren], Anm. d. Übers.

In der heutigen Zeit wird dieser Stress durch die vielen Fragen ausgelöst, die wir uns als Erziehende stellen, wenn es darum geht, aus unseren Kinder nützliche Mitglieder der Gesellschaft zu machen: Werden unsere Kinder alleine zurechtkommen? Sind ihre schulischen Leistungen gut genug? Haben sie die richtigen Freunde? Erhalten sie eine gute Ausbildung? Werden sie eine sichere Arbeit finden, die ihrem Niveau entspricht? Werden sie genug verdienen?

Erziehungsstress entsteht auch angesichts der vielfältigen Aufgaben, die Eltern erfüllen müssen: Neben der Sorge um die Entwicklung der Kinder sind da ihre eigene Arbeit, Aus- und Weiterbildung, die häuslichen Aufgaben, die Betreuung von pflegebedürftigen Angehörigen und vieles mehr. Und es gibt noch etliche weitere Faktoren, die Stress in der Erziehung begünstigen, wie spezielle Anfälligkeiten, Eigenschaften oder das Verhalten von Kindern (ein Schreibaby, ein Kind, das sich riskant verhält und sich oder andere häufig verletzt, ein Pubertierender, der sich völlig zurückzieht u.a.). Diese Faktoren verstärken ihrerseits die Anfälligkeit aufseiten der Eltern. Stress in der Erziehung kann den Blick auf unsere Kinder verengen, kann die Freude an der Erziehungsarbeit beeinträchtigen und uns zu impulsiven, unberechenbaren oder sogar zu aggressiven und angsteinflößenden Erziehern machen. Stress in der Erziehung bestimmt das Klima in der Familie und beeinflusst das Stresssystem des Kindes bereits im Babyalter. Im Folgenden wird Erziehung also vor allem als der Prozess betrachtet, Kinder zu formen und in ihrer Entwicklung zu unterstützen – und genau dies kann Erziehungsstress verursachen.

Was aber ist nun „achtsame Erziehung“? Jon Kabat-Zinn definiert Achtsamkeit wie folgt: „Mindfulness ist eine bestimmte Form der Aufmerksamkeit: bewusst, auf den gegenwärtigen Augenblick bezogen und nicht wertend.“ Er entwickelte das Mindfulness-Based-Stress-Reduction-Training, mit dessen Hilfe sich Stress in kurzer Zeit merklich reduzieren lässt, sodass eine Verbesserung der Lebensqualität erreicht wird. Jon und seine Frau Myla Kabat-Zinn gaben 1998 das Buch *Everyday Blessings:*

The Inner Work of Mindful Parenting heraus. Hier erwähnten sie, soweit ich das sehe, auch den Begriff des *Mindful Parenting* zum ersten Mal.[3]

Die folgende Definition entwickelten sie für Kathleen Restifo und mich, als wir an unserem Buch *Mindful Parenting* [4] arbeiteten:

> Mindful Parenting ist der fortlaufende Prozess, unseren Erfahrungen, auch mit Bezug auf die Erziehung, die wir erfahren haben, so gut wie möglich eine bewusste, im Hier und Jetzt verankerte, nicht urteilende Aufmerksamkeit entgegenzubringen. Dies beinhaltet: (1) das einzigartige Wesen, Temperament und die Bedürfnisse eines jeden Kindes zu erkennen und zu beachten; (2) die Fähigkeit zu entwickeln, in der Interaktion mit unseren Kindern mit voller Aufmerksamkeit zuzuhören; (3) sich der eigenen Gefühle, Gedanken, Absichten, Erwartungen und Wünsche sowie der unserer Kinder mit Freundlichkeit und Sensibilität so gut wie möglich bewusst zu werden; (4) uns und unseren Kindern größeres Mitgefühl und nicht urteilende Akzeptanz entgegenzubringen; (5) unsere eigenen reaktiven Impulse in Bezug auf unsere Kinder und ihr Verhalten zu erkennen.[5]

Ich näherte mich dem Konzept der achtsamen Erziehung sowohl über meine wissenschaftlich-klinische Arbeit als auch über meine privaten Erfahrungen. Als Wissenschaftlerin beschäftige ich mich bereits seit mehr als 25 Jahren mit der Rolle der Aufmerksamkeit bei bestimmten Problemen wie sozialer Angst und dem Erröten.[6]

Wenn wir in einer sozialen Situation unter Anspannung stehen und verlegen sind, zum Beispiel weil wir mit jemandem sprechen, den wir attraktiv finden oder den wir beruflich bewundern, neigen wir dazu, uns selber durch die Augen des anderen zu betrachten und darüber nachzudenken, wie der andere über uns denkt. Wir konzentrieren uns dann also nicht mehr auf den gegenwärtigen Moment, die Interaktion, sondern sind mit den Geschichten befasst, die wir uns über uns selbst erzählen. Und wenn diese Geschichten negativ sind (und gerade das negative Denken zieht unsere Aufmerksamkeit auf sich), steigert das unsere Anspannung und Verlegenheit. Wir befinden uns dann in einem Zustand gesteigerter auf uns selbst gerichteter Aufmerksamkeit. Und eben diese auf uns selbst gerichtete Aufmerksamkeit bewirkt, dass wir erröten und uns Gedanken darüber machen, was der andere wohl über uns denkt.

Mit einer Gruppe, die ich wissenschaftlich begleitete, entwickelte ich eine Therapie: das aufgabengerichtete Konzentrationstraining. Menschen mit sozialer Angst oder der Angst vor dem Erröten lernten, sich in sozialen Situationen bewusst zu machen, worauf sich ihre Aufmerksamkeit gerade richtet, um sich anschließend weniger auf sich selbst zu konzentrieren, sondern auf ihre Aufgabe, das Gegenüber und die Umgebung.

Als 1997 unser erster internationaler wissenschaftlicher Artikel über die positiven Effekte dieser Methode bei Menschen mit sozialen Ängsten und der Angst vor dem Erröten erschien,[7] erhielt ich eine Mail von dem britischen Professor für experimentelle Psychopathologie Isaac Marks, der den Artikel gelesen hatte und mich fragte: „Ist das nicht dasselbe wie Mindfulness?" Ich wusste damals nicht, was Mindfulness war, und wollte mir das vor dem Wissenschaftler, dessen Arbeit ich so sehr schätzte, nicht anmerken lassen. Also begann ich, mich in die wissenschaftliche Literatur zum Thema Mindfulness einzulesen. Ich war fasziniert, schloss mich einer *Vipassanā*-Meditationsgruppe an und begann, täglich zu meditieren.

Ich lud Professor Mark Williams – der sich auf das Thema Achtsamkeit im Zusammenhang mit Depressionen spezialisiert hatte – ein, mich und meine Kollegen von der Universität und aus der psychologischen Praxis im Thema Mindfulness zu schulen. An seinem Training nahmen sowohl Therapeuten aus der Abteilung für Erwachsene als auch aus der Kinder- und Jugendabteilung teil, in denen wir die Behandlungsmethoden wissenschaftlich begleiteten. Wie ich es beabsichtigt hatte, begannen wir, uns in der Erwachsenenabteilung wissenschaftlich mit der Rolle der Aufmerksamkeit bei sozialer Angst zu beschäftigen, aber auch auf der

Station für Kinder und Jugendliche war man nach dem Training daran interessiert, „etwas mit Achtsamkeit zu machen".

Also beschloss ich, eine Pilotstudie aufzusetzen, die sich mit psychisch erkrankten Jugendlichen befasste, bei denen die Konzentrationsfähigkeit betroffen war: ADHS, Autismus und Verhaltensstörungen. Weil diese Jugendlichen meist noch zu Hause bei ihren Eltern lebten, erschien es uns sinnvoll, auch die Eltern ein wenig in Sachen Achtsamkeit zu schulen. Und so veranstalteten wir parallel einen verpflichtenden Kurs zum Thema Mindful Parenting.

Dieser Kombination aus Achtsamkeitstraining für die Jugendlichen und Mindful Parenting für ihre Eltern war es zu verdanken, dass die Auffälligkeiten der Jugendlichen abnahmen und sich ihre Aufmerksamkeitskontrolle verbesserte.[8] Die Eltern waren außerordentlich zufrieden damit, wie weit sie ihre Ziele verwirklichen konnten, die sie zu Beginn des Mindful-Parenting-Trainings formuliert hatten. Dabei handelte es sich sowohl um Ziele bei der Erziehung ihrer Kinder (zum Beispiel: „Meinen Kindern Grenzen aufzeigen können") als auch um Ziele für ihr eigenes Leben (zum Beispiel „Besser schlafen können"). Viele Eltern meinten am Ende des Kurses: „Hätte ich dieses Training nur schon früher gemacht, dann wären die Dinge nicht so aus dem Ruder gelaufen." Diese Erfahrung führte dazu, dass wir das Programm schließlich auch Eltern anbieten wollten, deren Kind nicht an einem Achtsamkeitskurs teilnehmen konnte oder wollte.

Daher entwickelten wir ein unabhängiges Mindful-Parenting-Training für Elterngruppen. Gemeinsam mit der Achtsamkeitslehrerin Joke Hellemans unterrichtete ich 2008 das erste Mal Eltern in dieser Form. Die Teilnehmer waren Eltern, die wegen Erziehungsproblemen, persönlichen Problemen, die die Erziehungsarbeit erschwerten, oder aufgrund einer problematischen Beziehung zu ihrem Kind an das Behandlungszentrum an der Universität von Amsterdam (UvA) überwiesen worden waren. Es handelte sich um Kinder aller Altersstufen, auch um erwachsene Kinder (denn Eltern bleiben immer Eltern). Die Auswertung nach den ersten zehn Gruppen ergab, dass das Mindful-Parenting-Training Stress in der Erziehungsarbeit erfolgreich reduzieren konnte, es verbesserte die Erziehungsfähigkeit der Eltern und verminderte psychopathologische Symptome (wie Angst, Depression, Aufmerksamkeitsprobleme und Verhaltensauffälligkeiten) sowohl bei den Eltern als auch bei ihren Kindern.[9] Anschließende Untersuchungen in weiteren zehn Gruppen zeigten außerdem, dass sich die psychopathologischen Symptome der Kinder in dem Umfang verminderten, in dem die Kenntnisse von Mindful Parenting bei den Eltern zunahmen.[10] Unsere neuesten Untersuchungen zeigen, dass der Mindful-Parenting-Kurs auch bei Eltern erfolgreich ist, die nicht an uns überwiesen worden waren, sondern einen Kurs besucht hatten, der von der Stadt oder Kommune zur Bewältigung von Stress in der Erziehung oder bei anderen Erziehungsproblemen angeboten wurde.[11]

Für das Fachpublikum ist ein englischsprachiges Buch zum Inhalt dieses Kurses erschienen, das ich gemeinsam mit Kathleen Restifo verfasst habe.[12] Das vorliegende Buch richtet sich an Eltern, die sich eingehender mit Theorie und Praxis der achtsamen Erziehung befassen möchten. Es basiert auf meinen Erfahrungen aus 20 Jahren Arbeit mit Eltern in Mindful-Parenting-Kursen und den Erkenntnissen, die ich während der wissenschaftlichen Begleitung meiner Patientengruppen gewonnen habe. Eingeflossen sind auch die wissenschaftlichen Erkenntnisse anderer Autoren, die sich mit der Frage beschäftigt haben, welche Rolle die Aufmerksamkeit in der Entwicklung und bei der Erziehung von Kindern spielt und welche Rolle ihr bei der Entstehung, der Aufrechterhaltung und der Behandlung verschiedenster Formen von psychischen Störungen zukommt. Außerdem speist sich das Buch aus meinen Erinnerungen daran, wie ich selber als Kind erzogen wurde, und aus den Einsichten, die ich bei der Erziehung meiner eigenen Kinder gewonnen habe, und schließlich aus meinen Erfahrungen mit Meditation und Achtsamkeit in den Achtsamkeits-Seminaren, die ich abhielt und absolvierte, oder die ich während Meditationsretreats und zu Hause auf meinem Kissen machte.

Das Buch umfasst elf Kapitel über Aspekte der achtsamen Erziehung. Wenn Sie das Buch als Selbsthilfekurs nutzen möchten, sollten Sie jede Woche ein Kapitel lesen und in dieser Woche möglichst täglich die dazugehörigen Übungen machen. Weil mir lesen leichter fällt als meditieren, habe ich lange Zeit gedacht, dass es eigentlich bereits eine Art Meditation ist, wenn man sich lesend mit Achtsamkeit beschäftigt. Aber nur indem man die Prinzipien von Achtsamkeit und Meditation in all ihrer Schlichtheit selber und im Umgang mit seinen Kindern übt – und das bedeutet, sich den eigenen Schwierigkeiten bei der Erziehung wirklich zu stellen –, gelangt man zu tieferen Einsichten. Die eigene Erfahrung ist das Entscheidende, nicht das Nachdenken über achtsame Erziehung, sondern die reale Erfahrung mit achtsamer Erziehung. Lesen Sie jedes Kapitel achtsam, also mit vorurteilsfreier, bewusster Aufmerksamkeit im Hier und Jetzt und ohne Eile. Das Lesen dauert so lange, wie es eben dauert.

Am Ende eines jeden Kapitels finden Sie einige Übungen, die Sie in der jeweiligen Woche (und natürlich ein Leben lang) durchführen können. Zu einigen der Übungen werden wir Audiodateien einspielen, die Sie als Käufer dieses Buches auf *https://www.arbor-verlag.de/uebungen-boegels-elternsein* herunterladen können. Ich empfehle Ihnen auch, die Erfahrungen, die Sie mit den Übungen machen, festzuhalten – in einem schönen neuen Notizbuch oder auf dem Computer. Stellen Sie keine Erwartungen an den Effekt, den die Meditationen und die anderen Übungen haben sollten. Sie müssen die Übungen nicht angenehm finden und Sie müssen kein Ziel erreichen, Sie sollen einfach nur eine Erfahrung machen.

Sie können das Buch also als Selbsthilfekurs betrachten und es durcharbeiten, Sie können es aber auch als Begleitbuch zu einem Mindful-Parenting-Kurs einsetzen. Auf der Webseite *www.uva-mindsyou.nl* finden Sie eine Liste mit registrierten Mindful-Parenting-Kursen in den Niederlanden und Belgien.* An einem Kurs teilzunehmen, hat den Vorteil, dass

* In Deutschland finden Sie Kurse unter *www.arbor-seminare.de*

Sie sich mit anderen Eltern über Ihre Erfahrungen austauschen können, professionelle Unterstützung bei der Durchführung der Übungen erhalten und es Ihnen so möglicherweise leichter fällt, Ihren „inneren Schweinehund" zu überwinden.

Als mein Verlag, Ambo/Anthos, mich fragte, ob ich ein Buch über Mindful Parenting für Eltern schreiben wollte, dachte ich spontan: Ich würde lieber ein Buch über Beziehungen schreiben, über meine eigenen Kämpfe in Liebesbeziehungen, darüber inwieweit Beziehungen zu anderen, Partnern oder Kindern, ein Spiegelbild der Beziehung zu uns selbst sind, zu unserem inneren Kind, das beachtet werden will. Aber so ist es ein Buch über Mindful Parenting geworden. Ich hoffe, dass dem Leser, den (zukünftigen) Eltern, Stiefeltern, Gasteltern, Adoptiveltern, Großeltern, professionellen Erziehern und allen anderen, die lernen möchten, wie man Eltern und Kinder begleitet, nach der Lektüre dieses Buches vor allem eines im Gedächtnis bleibt: Die Beziehung zu Ihrer Umgebung ist immer ein Spiegel der Beziehung zu Ihrem inneren Kind. Und dieses innere Kind sollte von der Lektüre dieses Buches profitieren. Ich hoffe also, dass sich die Beziehung zu Ihrem (zukünftigen) Kind, ihrem Partner und/oder ehemaligen Partner durch die Lektüre weiterentwickelt, und auch deren Entwicklung und Beziehungen davon profitieren.

1 Achtsame Eltern – ohne (Vor-)Urteile anwesend sein

Nichts verweilt, dem wir nicht unsere ungeteilte Aufmerksamkeit schenken.

UNBEKANNT

Dir die Welt zu zeigen, meine Kleine, macht mein Leben lebenswert.

KARL OVE KNAUSGÅRD:
„BRIEF AN EINE UNGEBORENE TOCHTER“[13]

Von all der unbezahlten Arbeit, die wir leisten, ist die Erziehung von Kindern für die meisten von uns diejenige Aufgabe, in die wir – so zumindest erleben wir es – die meiste Zeit und Energie stecken, der wir die meiste Aufmerksamkeit widmen, die uns am intensivsten beschäftigt, wenn es Probleme gibt, und über die wir am häufigsten sprechen. Wir verbringen als Eltern immer mehr Zeit mit unseren Kindern, das zeigen Untersuchungen. 1965 verbrachten Mütter durchschnittlich 10,5 Stunden pro Woche mit ihren Kindern und Väter 2,6 Stunden. 2010 war die mit den Kindern verbrachte Zeit auf 13,7 Stunden bei den Müttern und 7,2 Stunden bei den Vätern gestiegen.[14] Viel ist das immer noch nicht, diese zwei Stunden, die Mütter, und die eine Stunde, die Väter pro Tag mit den Kindern verbringen und die sie auf all ihre Kinder aufteilen. Zudem ist inzwischen die Beteiligung der Mütter am Arbeitsprozess stark gestiegen und die der Väter hat nicht abgenommen. Es bleibt also die Frage, woher die Eltern diese zusätzliche Zeit nehmen (und es ist durchaus eine Erklärung für die zunehmende Anzahl von Burn-outs unter Eltern).

Zeit ist eine notwendige, aber keine hinreichende Voraussetzung für Aufmerksamkeit. Und die Untersuchungen beschäftigen sich nicht damit, wie viele Minuten von diesen Stunden, die die Eltern täglich mit ihren Kindern verbringen, sie dies mit wirklich ungeteilter Aufmerksamkeit tun. Ihr Kind kommt aus der Schule, Sie fragen, wie sein Tag gewesen ist, und während seiner begeisterten und wahrscheinlich etwas längeren und detailreichen Antwort denken Sie bereits über Ihre eigenen Aktivitäten an diesem Tag nach. Sie denken an die Mails, die noch beantwortet werden müssen, die Besorgungen für das Abendessen, Ihr anderes Kind, das Sie noch vom Sport abholen müssen. Sie nicken, lächeln, Sie reagieren sogar auf das, was Ihr Kind Ihnen erzählt („Gut so, sehr schön!"), aber in Wahrheit haben Sie gar nicht so genau mitbekommen, warum dieser Tag in der Schule für Ihr Kind so schön war. Sie haben nicht wirklich an der Freude Ihres Kindes teilgenommen, weil Sie mit Ihrer Aufmerksamkeit nicht vollständig bei der Sache waren. Wenn Sie Glück haben, ist Ihr Kind bei der Sache und nicht nur daran interessiert, Ihnen zu gefallen, und macht Sie darauf aufmerksam: „Mama/Papa, du hörst ja gar nicht zu! Du lachst, aber du hast es nicht verstanden! Ich hatte doch schon erzählt, dass … hast du das nicht mitbekommen?"

Lienhard Valentin, ein engagierter Autor und Herausgeber von Literatur über achtsame Erziehung,[15] lud mich ein, in Deutschland einen Kurs über Mindful Parenting abzuhalten. Er zeigte mir Videos von einem ungarischen Waisenhaus, in dem schwer traumatisierte Säuglinge, die sehr früh von ihren Eltern verlassen wurden, von Pflegerinnen versorgt werden, die im achtsamen Umgang mit Säuglingen geschult sind.[16] Ihnen steht nicht mehr Zeit mit den Säuglingen zur Verfügung als in anderen Waisenhäusern, aber sie sind darin geschult, dem Säugling in der Zeitspanne, in der sie ihn wickeln oder füttern, ihre volle Aufmerksamkeit zu schenken, und in dieser Zeit die anderen Säuglinge und ihr Weinen zu ignorieren.

Wir werden Zeuge der Interaktion zwischen einer Pflegerin und einem Säugling mit einem deutlichen Entwicklungsrückstand aufgrund von Frühgeburt oder einem Trauma. Der Säugling lässt sich nicht wecken und zeigt nur wenige Reaktionen, um anzudeuten, was er möchte oder nicht möchte. Die Pflegerin macht einen extrem „zentrierten" Eindruck: Sie handelt aus dem tiefen Vertrauen heraus, das sie in sich selbst hat und in dieses zerbrechliche, verwundbare und vollkommen abhängige Wesen, das ihrer Obhut anvertraut wurde, so ruhig, liebevoll und aufmerksam. All ihre Handlungen sind vorhersagbar, da sie sie verbal und nonverbal begleitet, sodass man die Rückseite ihrer Hand, die dem Baby über die Wange streichelt, beinahe fühlen kann. Sie nimmt den Säugling mit ihrer vollen Aufmerksamkeit wahr und reagiert auf die kleinsten Signale. Das laute Schreien der anderen Babys kann sie vollständig ausblenden. Sie scheint ganz in diesem Moment, mit diesem Baby aufzugehen.

Dieselbe Pflegerin können wir einige Zeit später dabei beobachten, wie sie einen etwas älteren Jungen mit derselben ungeteilten, unvoreingenommenen und liebevollen Aufmerksamkeit anzieht, wie sie erneut vollkommen in diesem Moment mit diesem Kind aufgeht. Sie reagiert konzentriert auf das Verhalten des Jungen, auch wenn es nichts mit dem Anziehen zu tun hat, sodass das Anziehen so lange dauert, wie es für ihn notwendig ist, denn das ist sein Moment mit der Pflegerin. Sie lässt ihn zwischen zwei Pullovern wählen und auch hierbei folgt sie seinem Prozess des Auswählens, wie er erst auf den einen, dann auf den anderen Pullover zeigt und ein Spiel daraus wird. Während ich dies beobachte, erlebe ich nicht einen Moment der Eile, die Zeit scheint während dieses intimen Augenblicks, in dem die Pflegerin und das Kind gemeinsam die Erfahrung des Anziehens machen, stillzustehen. Das Vertrauen der Pflegerin darauf, dass das Kind durch ihre Zusammenarbeit und beidseitige Gerichtetheit auf den Moment schließlich angezogen sein wird (und nach ihm noch viele andere Babys), ist deutlich spürbar. Als Betrachterin empfinde ich eine tiefe Ruhe und Stille, obwohl die anderen Kinder schreien – sie müssen warten. Aber sie können davon ausgehen, dass ihre Zeit mit der Pflegerin noch kommt und dass sie dann ebenfalls ihre ungeteilte Aufmerksamkeit erhalten – und so trösten sie sich selbst. In diesen kurzen Interaktionen in vollständiger Aufmerksamkeit können die Traumata dieser Kinder heilen.

Kinder lernen sich über die Aufmerksamkeit ihrer Eltern oder anderer Betreuer kennen, dies nennt man „Spiegelung"[17] Eltern ahmen den emotionalen mimischen Ausdruck und die Laute ihrer Babys nach, ohne sich dessen bewusst zu sein. Sie lesen sehr genau im Gesicht ihres Babys, folgen aufmerksam seinen Bewegungen und seinem Gebrabbel und versuchen so zu verstehen, was ihr Kind möchte. Diese Aufmerksamkeit der Eltern (und anderer professioneller Betreuer) ist für das Überleben des Kindes genauso wichtig wie Nahrung und Sauerstoff. Über diese Aufmerksamkeit erfährt sich das Kind als integrierte Einheit. Es lernt sein Zentrum kennen, sein Selbst, von dem aus seine Interaktion mit der Außenwelt stattfindet und in das es zurückkehren kann, wenn sein Inneres von Eindrücken gesättigt ist oder wenn keine Zeit für es ist (so wie für die anderen Säuglinge im Waisenhaus). Wenn ich hier also das Wort *centered* benutze, das sich gar nicht so leicht übersetzen lässt – verankert, verwurzelt, gefestigt –, dann meine ich damit eine Haltung, die wir durch Meditation verfeinern können, die Kinder aber in der aufmerksamen Interaktion mit ihren Eltern oder Betreuern erlernen.

Das Kind versucht außerdem, die Aufmerksamkeit der Eltern auf die Dinge zu lenken, die ihm auffallen, indem es darauf zeigt oder, wenn es schon sprechen kann, so etwas wie „Guck!", „Höre!", „Rieche!", „Schmecke!" sagt. Diesen Prozess nennen wir geteilte oder gemeinsame Aufmerksamkeit *(joint attention)* und er ist ein wichtiger Indikator für eine gesunde Entwicklung des Kindes: Autistische, depressive oder vernachlässigte Kinder scheinen nicht so früh und so oft auf Dinge zu zeigen.[18] Wenn Eltern und ihre Kinder sich gemeinsam mit etwas befassen, unterstützt dies das Kind darin, seine Aufmerksamkeit zu steigern. Denn wenn die Eltern einer Sache ihre Aufmerksamkeit schenken, merkt das Kind, dass diese Sache wichtig ist und der Erwachsene stimuliert das Kind so, noch öfter, genauer oder länger zu schauen. Wenn ein Erwachsener das Kind allerdings nur selten spiegelt und dem, was das Kind fühlt, sagt oder tut wenig Aufmerksamkeit schenkt und nicht oder nur oberflächlich zuschaut, wenn das Kind ihm Dinge zeigt, kann der gegenteilige Effekt eintreten. Das Kind lernt sich weniger gut kennen und erfährt sich seltener als Einheit, es ist weniger zentriert und widmet den Dingen, die ihm auffallen weniger, kürzere, oberflächlichere Aufmerksamkeit.

Der Mensch ist diejenige Tierart, bei der es am längsten dauert, bis das Kind ohne die Fürsorge der Eltern überleben kann. Man führt das auf den großen Kopfumfang des Säuglings zurück, der seinerseits wieder der Größe des Gehirns geschuldet ist, vor allem dem großen Frontallappen, der den Menschen vom Tier unterscheidet. Aufgrund dieses großen Schädels muss der Säugling sehr früh geboren werden, sodass es lange dauert, bis er laufen und sich selbst versorgen und beschützen kann. Darum kostet es solch enorme Anstrengung, ein Menschenkind großzuziehen.

Unsere Art zu erziehen, ist das Ergebnis der natürlichen Selektion. Erziehungsstile, die die Wahrscheinlichkeit erhöhen, dass das Kind bis ins Erwachsenenalter überlebt, wurden häufiger an die nächste Generation weitergegeben. Eltern sind also das Produkt eines Evolutionsprozesses.[19] In unserer evolutionären Vergangenheit war die Mutter-Kind-Dyade durch äußere Feinde gefährdet, weil die Mutter den Säugling zu Beginn seines Lebens so lange und oft stillen musste und dadurch wenig andere Tätigkeiten verrichten konnte. Sie war abhängig davon, dass Väter, Großväter, Brüder und Schwestern und die gesamte Gemeinschaft sie schützte und versorgte. Menschen zogen ihre Kinder daher auch im Gruppenverband groß. Und so erklärt sich auch das Sprichwort: „Um ein Kind zu erziehen, braucht es ein ganzes Dorf.“

In der heutigen westlichen Gesellschaft kann man kaum noch davon sprechen, dass in der Gemeinschaft erzogen wird. Wir wohnen mit einer einzelnen Familie unter einem Dach und nicht mehr alle zusammen. Vor allem in der Stadt gibt es wenig sozialen Zusammenhalt oder soziale Kontrolle. Die Kinder gehen in die Krippe oder haben ein Kindermädchen, anstatt dass Großeltern, andere Familienmitglieder, Freunde oder Verwandte für sie sorgen, wenn die Eltern arbeiten.

Und da die Versorgung der eigenen Kinder heute eine solch umfangreiche Aufgabe ist, besteht die Gefahr, dass sie zu einer Aneinanderreihung von To-dos verkommt, denen wir nicht unsere volle Aufmerksamkeit widmen können. Wir sind im im „Tun-Modus".[20]

Im Tun-Modus sind wir ununterbrochen damit beschäftigt, Dinge abzuarbeiten, Lösungen zu finden, Ziele zu erreichen. Dabei sind wir uns der Diskrepanz zwischen den Dingen, wie sie sein sollten, und den Dingen, wie sie sind, bewusst. Wir denken stets daran, was alles noch nicht erledigt wurde und was noch getan werden muss. In diesem Modus können wir vor allem die Dinge sehr effizient erledigen, die wir gut beherrschen und die kaum bewusste Aufmerksamkeit von uns verlangen, die automatisiert ablaufen, wie zum Beispiel für die Kinder kochen, das Haus putzen, zur Arbeit fahren. Wir arbeiten in einer Art „Autopiloten-Modus", unserem „Default-Modus". Und während wir all diese Dinge tun, sind wir mit unseren Gedanken oft ganz woanders, zum Beispiel bei dem Ergebnis unserer Tätigkeit. Während Sie zum Beispiel zur Arbeit fahren, denken Sie bereits daran, was am selben Tag noch alles erledigt werden muss. Während Sie Ihre Kinder zur Schule bringen, denken Sie daran, ob sie pünktlich sein werden, oder daran, wann Sie sie nachher abholen werden. Dieser Modus wird unseren Kinder von uns und der Schule schon früh beigebracht: „Beeil dich, sonst kommst du zu spät! Wenn du deine Hausaufgaben gemacht hast, bekommst du ein Eis, nicht träumen!"

Es gibt aber auch noch einen anderen Zustand, der jedem Menschen gegeben ist, der Seins-Modus: In diesem Zustand sind wir in Kontakt mit dem jeweiligen Augenblick, in dem wir die Dinge so erleben, wie sie in diesem Moment sind, in dem wir die Dinge so sein lassen können, wie sie gerade sind, in dem wir offen gegenüber angenehmen, neutralen und unangenehmen Gefühlen sind und sie akzeptieren (bei uns selbst und bei anderen), in denen wir nicht versuchen, diese Erfahrung zu verändern und ein Gefühl der Ruhe, Stille und Zentriertheit erleben. Kinder sind von Natur aus in diesem Seins-Modus, während wir mit ihnen zur Schule gehen, bleiben sie bei jeder Blume stehen, ohne Zeit und Ziel, in diesem Augenblick, an diesem Ort.

Seit ich diese beiden Zustände des Geistes kenne, mache ich mir neben meiner soundsovielten To-do-Liste (auf einem gelben Post-it) auch eine To-be-Liste (auf einem rosa oder blauen Post-it), um mich daran zu erinnern, worum es im Leben eigentlich geht. Übrigens ist das Abhaken von Aufgaben auf einer To-do-Liste natürlich eine sehr nützliche Beschäftigung, weil es das Belohnungszentrum in Ihrem Gehirn aktiviert. Jedes Mal, wenn Sie einen Punkt abhaken oder durchstreichen, belohnen Sie sich selber: Sehr gut! Es geht dabei allerdings um die Balance zwischen dem Tun- und dem Seins-Modus und um die Art und Weise, wie wir die Dinge erledigen und unsere Ziele zu erreichen versuchen.

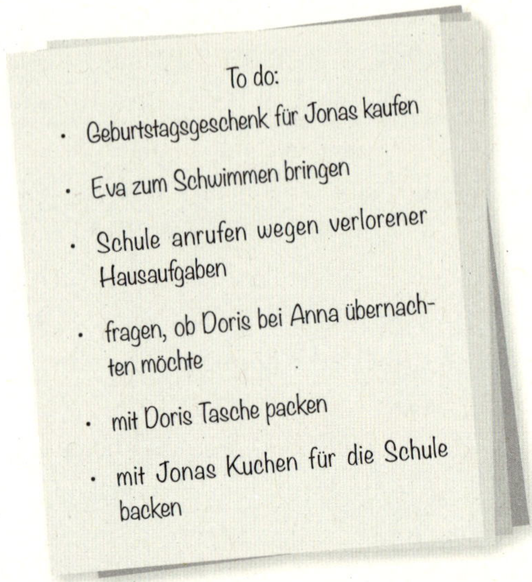

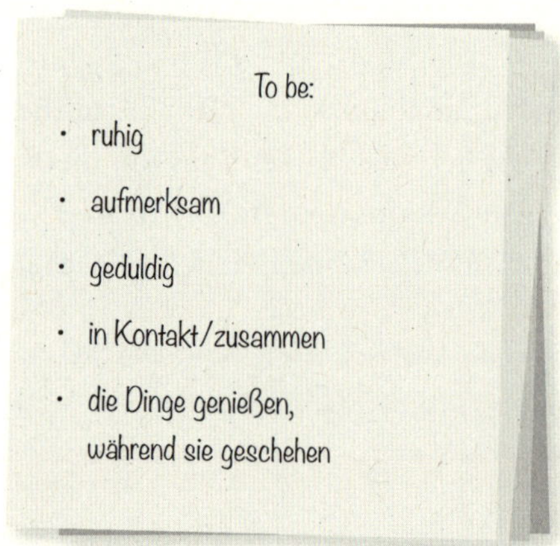

Erziehung scheint immer mehr einer To-do-Liste zu gleichen, etwas, worin wir erfolgreich sein müssen, so wie in unserem Beruf. Und dieser Erfolg ist viel zu sehr durch äußere Merkmale definiert, wie Schulbildung, Selbstständigkeit, Schönheit, Leistung, soziale Kompetenz. Wir vergleichen unsere Kinder dabei ständig mit anderen, die, gemessen an diesem Maßstab, besser sind. Wir werden von Fotos aus Zeitschriften beeinflusst, die glückliche Familien beim gemeinsamen Weihnachtsessen zeigen. Alle am Tisch lachen, sind hübsch, schlank, gut gekleidet, geschminkt und kommen gerade vom Frisör. Das Haus ist hell, wunderbar aufgeräumt, das Essen sieht fantastisch aus und steht pünktlich auf dem festlich geschmückten Tisch.

Wenn ich an die Weihnachtsessen in meiner Familie zurückdenke, erinnere ich mich allerdings an ganz andere Dinge: Der Truthahn war zu spät in den Ofen geschoben worden und noch nicht gar, mein Vater zog einen geschmolzenen Plastikbeutel mit Innereien aus dem Truthahn, wenn dieser endlich auf dem Tisch stand, und es war nicht Teil des Protokolls, dass an dieser Stelle gelacht wurde. Wir Kinder (fünf!) stritten oder kicherten und unser Vater schickte uns einen nach dem anderen ohne Essen nach oben, und wenn es keine Schläge setzte, dann fielen doch auf alle Fälle heftige Worte und meine Eltern blieben – ich nehme an todunglücklich – alleine am weihnachtlichen Esstisch zurück. Sie hatten ganz sicher auch so ihre Vorstellung gehabt, wie ein Weihnachtsessen ablaufen, wie stimmungsvoll es sein sollte, wie ein Truthahn zu schmecken hatte und wer dafür verantwortlich sein sollte oder wie die Kinder sich zu benehmen hatten. Mein Vater und meine Mutter waren ganz offensichtlich im Tun-Modus, wobei sie die Diskrepanz zwischen dem erwarteten und dem wirklichen Zustand zu spüren bekamen. Ich erinnere mich, wie ich als Kind diese Spannung spürte, die Angst, dass es schiefgehen könnte, und die Einsamkeit, wenn es wieder einmal schiefgegangen war.

Wie wäre das alles wohl abgelaufen, wenn meine Eltern an einem Mindful-Parenting-Kurs teilgenommen und etwas über den Seins-Modus gewusst hätten? Wenn sie all die streitenden und kichernden Kinder, die um den Tisch saßen, wirklich hätten sehen können, den Truthahn, der zu spät gar geworden war und in dem noch ein Beutel mit Innereien steckte, die unerfüllten gegenseitigen Erwartungen (wer sich um den Truthahn kümmern und wer die Kinder unter Kontrolle halten sollte). Wenn sie ihr eigenes Unvermögen hätten sehen können? Wie wäre es gewesen, wenn sie ihre Versuche aufgegeben hätten, die Erfahrung anders erscheinen zu lassen, als sie war? Wenn meine Mutter den Truthahn wirklich mit Aufmerksamkeit gekocht hätte, und sich im Klaren darüber gewesen wäre, was sie gebraucht hätte, um dem Truthahn diese Aufmerksamkeit widmen zu können? Was sie von ihrem Mann, ihren Kindern oder ihrer Arbeit benötigt hätte? Oder wenn mein Vater in der Lage gewesen wäre, meine Mutter wirklich mit Aufmerksamkeit zu betrachten, um sehen zu können, dass sie lieber malte, als Truthähne zubereitete, wie erschöpft sie war, weil sie fünf Kinder erzog, mehr als einen Vollzeitjob hatte, ein reiches soziales Leben und viele Hobbys. Wenn er gesehen hätte, dass er ihr keinen größeren Gefallen hätte tun können, als den Truthahn selbst in den Ofen zu schieben?

Ich habe viel glücklichere Erinnerungen an Ostern, wenn meine Mutter – genau wie es ihre polnische Urgroßmutter immer getan hatte – mit uns zusammen die Eier färbte. Ich erinnere mich an den Geruch des schmelzenden Wachses, mit dem wir die Eier bemalten, wie er über die warme, runde Oberfläche glitt und wie wir die Eier anschließend in verschiedene Farbbäder tauchten. Wie aufgeregt wir die weißen Linien betrachteten, die unter dem getrockneten Wachs entstanden. Der Geruch des Essigbads, in das sie anschließend getaucht wurden, und wie wir sie dann mit Butter einrieben, sodass sie wunderschön glänzten. Noch immer färbe ich die Ostereier jedes Jahr – inzwischen mit meinen eigenen Kindern – nach diesem alten Brauch!

Der Seins-Modus im Familienleben und die Erziehung von Kindern setzt voraus, dass wir unseren Partner, unser Familienleben und uns selbst als Eltern so sehen, wie sie/wir wirklich sind, und unsere Erfahrungen (sowie unsere Kinder, unseren Partner und uns selbst) nicht zu ändern versuchen. Wir können das anhand des Wetters üben. Wenn wir morgens aus dem Haus gehen, haben wir keinen Einfluss darauf, ob es warm oder kalt ist, ob die Sonne scheint, ob es regnet oder stürmt. Anstatt uns gegen diese Tatsache zu wehren (Kopf einziehen, Schultern hochziehen), können wir auch eine Haltung der Offenheit und Akzeptanz dem Wetter gegenüber entwickeln, so wie es nun einmal gerade ist: Wie fühlt sich der Regen auf dem Gesicht an, der Wind auf dem Kopf, die Kälte auf der Haut? Dann können wir das Wetter so wahrnehmen, wie es in diesem Moment ist, und den Gedanken loslassen, dass es anders sein müsste, als es ist.

Diese Haltung kann ich regelmäßig auf Vlieland üben, wo ich oft zelte. Wenn das Wetter tagelang schlecht ist, höre ich Eltern im Waschraum seufzend zu ihren Kindern sagen: „Nächstes Jahr fahren wir nach Frankreich!“ Sie sind dann nicht mehr in diesem Moment, den gegenwärtigen Ferien, bei ihren Kindern, sondern sie planen die nächsten Ferien, die auf alle Fälle besser werden müssen als diese. Kinder denken so nicht: Sie erleben das Wetter, wie es ist, und spielen im Waschraum, wenn es draußen zu nass ist und im Zelt zu kalt. Wir Erwachsene können da von ihnen lernen!

In der kognitiven Psychologie beschäftigen wir uns wissenschaftlich oft mit den sogenannten *biases*, Verzerrungen der Wirklichkeit oder auch Vorurteilen.[21] Unsere Psyche funktioniert so, dass *biases* sich selbst aufrechterhalten. Wenn wir erst einmal eine bestimmte Vorstellung von der Wirklichkeit haben (zum Beispiel: „Ich kann nicht schreiben“), konzentrieren wir uns auf Geschehnisse oder Informationen, die diese Vorstellung bestätigen (Ich habe einmal eine sechs für einen Aufsatz bekommen), während wir Informationen, die diese Vorstellung nicht bestätigen oder ihr sogar widersprechen, nicht wahrnehmen (Der Lehrer gibt mir eine sechs wegen der Rechtschreibung und achtet gar nicht auf den Inhalt; ich wurde gebeten, etwas für die Schülerzeitung zu schreiben). So manövrieren wir uns selbst in die Ecke und lassen uns keinen Raum, uns weiterzuentwickeln. Und das machen wir nicht nur mit uns selbst so, sondern, ohne uns dessen bewusst zu sein, auch mit unseren Kindern.

Ich besuchte das Labor von Alan Stein in Oxford, wo ich Videos von Müttern mit Essstörungen anschauen durfte, die ihren Babys die erste feste Nahrung mit dem Löffel fütterten. Sie hatten Angst, dass ihr Baby sich schmutzig machen oder zu dick werden könnte. Und so wurde ein Moment, der eigentlich spielerisch und voller Begeisterung hätte ablaufen sollen, in dem Mutter und Kind zusammen entdecken, wie es ist, das erste Mal feste Nahrung vom Löffel zu essen, zu einer stresserzeugenden Erziehungssituation. Diese Mütter hatten Vorurteile (zum Beispiel „Essen macht dick“), die sie auf ihre Babys projizierten. Sie sahen die Babys durch die Brille ihrer eigenen Vorurteile über Essen! Und nicht nur Mütter mit Essstörungen haben solche Vorurteile. Eltern mit einer sozialen Angststörung, die selber Angst haben, von anderen negativ beurteilt zu werden, scheinen auch Angst zu haben, dass ihr vier Monate altes Baby von anderen negativ beurteilt werden könnte! [22]

Es ist schwierig, sich vorzustellen, dass jemand so ein süßes Baby unartig, hässlich oder dumm finden könnte, aber diese Eltern sind davon überzeugt, dass andere so über ihr Baby urteilen. Depressive Eltern oder Eltern mit einer Borderline-Störung denken, dass ihr Kind sie nicht mag und sie nicht braucht. Und so sehen sie das Lachen nicht, das ihr Kind ihnen schenkt. Im schlimmsten Fall springt eine Mutter mit einer postnatalen Depression aus dem Fenster und ist fest davon überzeugt, dass es ihrem Baby ohne sie besser geht.

Auch Eltern ohne psychische Störungen entwickeln die verschiedensten Vorurteile über ihr Kind. Und unabhängig davon, ob diese Vorurteile positiv oder negativ sind, können sie das Kind in seiner Entwicklung behindern. Eltern, die ihr Kind durch die Brille „sportlich“, „hochbegabt“ oder „verantwortungsbewusst“ betrachten, können die Entwicklung ihrer Kinder durch diese Vorurteile behindern. Das „verantwortungsbewusste“ Kind muss sich zum Beispiel zu sehr um seine Schwestern oder Brüder kümmern, sodass es seine spielerischen Seiten wenig entwickeln kann. Das „sportliche“ Kind muss ständig trainieren, sodass es nicht lernt auch einmal nichts zu tun. Das „hochbegabte“ Kind wird ständig kognitiv herausgefordert, lernt aber nicht, sich mit den Händen zu beschäftigen.

So können diese positiven Vorurteile Eltern und andere Bezugspersonen daran hindern, die Situationen wahrzunehmen, in denen das Kind ihre Hilfe braucht. So finden sie zum Beispiel das Verhalten des Kindes schwierig, wenn es dem Vorurteil nicht entspricht. Ich weiß noch, wie meine Tochter, die in kognitiven Tests immer sehr gut abschnitt, enttäuscht nach Hause kam, nachdem sie ihren ersten kleinen Vortag über Wale gehalten hatte. Der Lehrer hatte ihr folgendes Feedback gegeben: „Von dir hatte ich mehr erwartet.“ Das Vorurteil „intelligent“ hinderte den Lehrer daran (genau wie mich), zu erkennen, wie schwierig es für sie war, die Informationen Schritt für Schritt auf eine Weise zu strukturieren, die bei einem mündlichen Vortrag sinnvoll ist.

Außerdem kann das positive Vorurteil bewirken, dass der Bruder oder die Schwester eines solchen verantwortungsvollen, sportlichen, hochbegabten Kindes als unverantwortlich, unsportlich oder minderbegabt angesehen wird und sich so diesem Etikett zufolge entwickelt. Ich erinnere mich noch daran, wie Lehrer über mich sagten: „Du bist ganz anders als deine ältere Schwester“ (die ernster war, härter arbeitete, besser organisiert war und gute Noten bekam), und wie ich daraufhin alles tat, um dieses negative Bild so gut es ging zu bestätigen, indem ich so wenig wie möglich arbeitete und so schlechte Noten wie möglich mit nach Hause brachte.

Auch die diagnostischen Etiketten, mit denen ein Kind vielleicht versehen wurde, wie ADHS, Autismus, Versagensangst, Hochsensibilität, können als *bias* fungieren und Eltern daran hindern, eine wirklich offene Aufmerksamkeit für ihr Kind zu entwickeln. So erzählte mir eine Mutter, dass eine Sozialarbeiterin es typisch autistisch nannte, dass ihr Sohn seine Stofftiere der Größe nach sortierte. Von da an sah sie dieses Verhalten, das ihrem Sohn immer große Freude bereitet hatte, plötzlich mit ganz anderen Augen. Das, was sie zunächst als aufmerksam und sorgfältig angesehen und mit Zärtlichkeit betrachtet hatte, wirkte plötzlich starr und kindlich auf sie und sie konnte ihrem Sohn nur noch mit Angst und Widerwillen dabei zuschauen.

Weil wir schon so lange mit unserem Kind zusammenleben, haben wir die verschiedensten eingeschliffenen Verhaltensmuster entwickelt, und ausgehend von diesen eingeschliffenen Mustern reagieren wir immer wieder gleich auf unser Kind. Auch auf diese Weise können wir es in seiner Entwicklung behindern. Jean Dumas[23] hat ein anschauliches Experiment durchgeführt, in dem er Lehrer bat, vier Gruppen von Kindern zu identifizieren: sozial kompetente Kinder, durchschnittliche Kinder, aggressive Kinder und ängstlich/zurückgezogene Kinder. Jede Gruppe bestand schließlich aus dreißig Kindern, die durchschnittlich vier Jahre alt waren. Die Mütter wurden gebeten, einmal ihr eigenes und einmal ein fremdes Kind bei einer Aufgabe zu unterstützen, ohne die Aufgabe selber zu übernehmen. In einem Miniatursupermarkt sollten Einkäufe erledigt werden. Fünf Nahrungsmittel von einer Liste mit verschiedenen Sorten Lebensmitteln (Gemüse, Milchprodukte usw.) mussten in einen Spielzeugeinkaufswagen gelegt werden, wobei der kürzeste Weg zu den verschiedenen Regalfächern genommen werden sollte. Die Interaktion zwischen Mutter und Kind wurde auf Video aufgezeichnet und anschließend von Psychologen ausgewertet, die darin geschult waren, das elterliche Verhalten auf Bezogenheit und Positivität zu beurteilen, dabei aber nicht wussten, ob es sich um das eigene Kind der jeweiligen Mutter handelte.

Die Untersuchung zeigte, dass Mütter von aggressiven und ängstlichen Kindern weniger positiv und bezogen auf ihr eigenes Kind reagierten als die Mütter der durchschnittlichen und kompetenten Kinder. Die Mütter der aggressiven und ängstlichen Kinder reagierten allerdings ebenso positiv und bezogen wie die Mütter der durchschnittlichen und kompetenten Kinder, wenn es sich nicht um ihr eigenes Kind handelte. Dieses Ergebnis zeigt, dass die Mütter der aggressiven und ängstlichen Kinder genauso wie die Mütter der durchschnittlichen und kompetenten Kinder reagieren können, dass also der historisch gewachsene Umgang mit ihrem eigenen Kind für das weniger positive und bezogene Elternverhalten verantwortlich ist.

Eltern können also die unterschiedlichsten verzerrten Wahrnehmungen und *biases* gegenüber ihrem eigenen Kind entwickeln und zwar aufgrund ihrer eigenen Probleme, der Probleme mit ihrem Kind, aufgrund psychologischer Etikettierungen, weil sie ihre Kinder untereinander vergleichen und aufgrund historisch gewachsener Interaktion. Eltern können auch Vorurteile aufgrund ihres eigenen Erziehungshintergrundes haben. Wenn ihre eigenen Eltern kritisch oder abwertend mit ihnen umgegangen sind, können sie dies verinnerlicht haben und automatisch auch kritisch und abwertend ihrem eigenen Kind gegenüber sein. Darauf komme ich in Kapitel 10 zurück. Worauf auch immer die Vorurteile zurückzuführen sind, sie schränken die Entwicklung des Kindes ein und können eine gesunde Eltern-Kind-Beziehung stören.

Wie aber können wir die Auswirkungen dieser Vorurteile auf unsere Kinder (und uns selber als Erzieher) minimieren, um unseren Kindern die Möglichkeit zu geben, sich ausgewogen und ihren eigenen Anlagen und Wünschen gemäß zu entwickeln? Eltern können sich darin üben, ihr Kind häufiger mit dem „Anfängergeist“ wahrzunehmen, ihr Kind so zu betrachten, als sähen sie es zum ersten Mal. Denn alles, was wir mit dem Geist des Anfängers sehen, betrachten wir mit umfassender und offener Aufmerksamkeit. Setzen Sie dabei alle Sinne ein, denn so können Sie die Erfahrung ganz in sich aufnehmen. Erinnern Sie sich noch an Ihr Neugeborenes, den Geruch, die Geräusche, wie es aussah, wie es schaute, sich bewegte, wie es sich anfühlte? Erinnern Sie sich vielleicht noch an das Gefühl der Verwunderung, des Erstaunens, der Neugierde oder an die anderen Gefühle, die Sie hatten? Als Sie das Kind zum ersten Mal an die Brust legten? Das ist der Geist des Anfängers. Es ist auch hilfreich, das Kind nicht als „Ihr“ Kind, sondern als „Kind“ zu sehen, damit Sie es mit dem Geist des Anfängers statt Ihren Vorurteilen gemäß wahrnehmen.

Ein Beispiel: Was denken Eltern, wenn ihr Kind sich vor der Kasse schreiend auf den Boden wirft, weil es etwas Süßes haben möchte? „Was für ein verwöhntes Kind habe ich.“ „Das ist meine Schuld.“ „Was denken die anderen von mir." „Ich bin eine schlechte Mutter/ein schlechter Vater, weil ich mein Kind nicht unter Kontrolle habe." Was denken dieselben Eltern, wenn es das Kind eines anderen ist, das sich auf den Boden wirft? „Tja, Kinder müssen nun einmal lernen, dass ihre Wünsche nicht immer erfüllt werden." „Gut, dass die Mutter/der Vater nein sagt." „Warum stehen die Süßigkeiten auch an der Kasse, das müsste man verbieten."

Das Kind als „Kind" zu betrachten (ohne „mein"), so als ob man es zum ersten Mal sieht, ist die erste Übung, die wir mit den Eltern in einem Mindful-Parenting-Kurs machen, und sie kann sehr befreiend wirken. Eine Mutter erzählte, dass sie ihren Sohn mit dem Geist des Anfängers betrachtete, während er vorlas. Ihr Sohn hatte eine ADHS-Diagnose und die Mutter störte sich häufig am Lärm, den er machte, und seiner Bewegungsunruhe, auch wenn er las. Sie wollte ihn dann lieber gar nicht ansehen oder ihm zuhören. Dann begann sie, ihn so zu betrachten, als würde sie ihn das erste Mal lesen sehen, und bemerkte nicht nur sein wunderschönes Haar und seine feinen Züge, sondern sah plötzlich auch, wie viel Freude er am Lesen hatte. Sie konnte sich plötzlich ganz auf die Geschichte einlassen, lachte, runzelte die Stirn, schaute verwundert drein, jubelte und machte seine Bewegungen begeistert nach, während sie die Geschichte mit voller Aufmerksamkeit in sich aufnahm. Sie genoss sein Vergnügen.

ÜBUNGEN

Meditation im Sitzen (Audiodatei Nr. 1)

Meditieren Sie 10 Minuten im Sitzen (Audiodatei Nr. 1) mit Aufmerksamkeit für Ihren Atem. Suchen Sie sich einen ruhigen Ort, an dem Sie sich wohl und sicher fühlen und nicht gestört werden. Sie können auf einem Stuhl meditieren, auf einem Meditationsschemel oder einem

Meditationskissen. Achten Sie darauf, dass Ihnen nicht kalt wird. Sie können sich eine Decke um die Schultern legen oder warme Socken anziehen. Achten Sie darauf, dass Sie bequem sitzen. Am besten meditieren Sie eine Woche lang jeden Tag einmal. Wenn Sie den begleitenden Text kennen, können Sie auch ohne ihn meditieren. Stellen Sie sich einen Wecker, der die Meditation beendet. Haben Sie keine Erwartungen an das, was Sie erleben werden, es geht ausschließlich darum, es zu tun. Wenn Sie möchten, schreiben Sie Ihre Erfahrungen auf.

Eltern sein im Geist des Anfängers

Finden Sie einen Zeitpunkt, zu dem Sie Ihr Kind so unauffällig wie möglich beobachten können, zum Beispiel wenn es schläft, im Sandkasten spielt, liest, am Computer oder vor dem Fernseher sitzt oder wann immer es sonst möglich ist. Natürlich können es auch unterschiedliche Situationen sein. Öffnen Sie alle Sinne (sehen, hören, riechen, fühlen, schmecken) und nehmen Sie Ihr Kind so gut wie möglich so wahr, als ob Sie es zum ersten Mal sehen. Sie können sich auch vorstellen, dass Sie ein Maler, Illustrator, Reporter, Fotograf oder Videokünstler sind. Wie sieht Ihr Kind aus? Betrachten Sie die Farben, den Kontrast, die Formen ... Nehmen Sie die Details wahr, zoomen Sie näher heran und wieder weg, vom Gesamtbild zum Detail und wieder zurück. Nehmen Sie sorgfältig alle Bewegungen wahr. Achten Sie auf jeden Laut, den Tonfall, die Geräusche der Bewegungen, vielleicht hören Sie den Atem oder den Herzschlag Ihres Kindes? Sie können auch andere Sinne einsetzen, wenn es in der jeweiligen Situation möglich ist. Können Sie etwas riechen, wenn Sie ganz nah bei Ihrem Kind sitzen, zum Beispiel den Geruch der Haare, des Körpers oder der Kleidung? Können Sie etwas fühlen, zum Beispiel wenn Ihr Kind auf Ihrem Schoß oder in Ihrer Nähe sitzt? Schmecken Sie etwas, zum Beispiel wenn Ihr Kind Ihnen einen Finger in den

Mund steckt? Was fühlen Sie, wenn Sie Ihr Kind mit dem Geist des Anfängers wahrnehmen, als wäre es das erste Mal? Versuchen Sie nicht, die Erfahrung zu verändern, die Erfahrung ist so, wie sie ist. Schreiben Sie Ihre Erfahrungen auf.

Routineabläufe mit Ihrem Kind oder für Ihr Kind in voller Aufmerksamkeit erleben

Routinemäßige Abläufe handhaben wir meist (teilweise) automatisch, weil sie nicht mehr viel Aufmerksamkeit erfordern: Sie sind eingeschliffen. Deshalb können wir gleichzeitig etwas anderes tun, zum Beispiel fernsehen, während wir Kartoffeln schälen. Führen Sie diese Routinen, die Sie wenigstens einmal am Tag mit oder für Ihr Kind erledigen, eine Woche lang einmal am Tag mit Ihrer vollen Aufmerksamkeit aus, als würden Sie es zum ersten Mal tun –füttern, in die Schule bringen, nach den Erlebnissen fragen, an- und ausziehen, Zähneputzen, Haare kämmen, Brote schmieren, Essen auf die Teller tun, gute Nacht sagen ... der Ablauf sollte nicht zu lange dauern. Wenn Sie sich dennoch für etwas entscheiden, das länger dauert, begleiten Sie nur die ersten Minuten mit Ihrer vollen Aufmerksamkeit.

Richten Sie Ihre Aufmerksamkeit auf Ihr Kind, sich selbst und auf den Kontakt zwischen Ihnen. Lassen Sie die Erfahrung so, wie sie ist, es geht nur darum, sich den Moment bewusst zu machen, so wie er ist. Um sich einen routinemäßigen Ablauf bewusst zu machen, kann es auch sinnvoll sein, ihn zu verlangsamen.

Entscheiden Sie sich nun für eine Tätigkeit mit Ihrem oder für Ihr Kind, die Sie in dieser Woche mit bewusster Aufmerksamkeit durchführen möchten, und bleiben Sie eine Woche bei dieser Tätigkeit (wechseln Sie nicht zwischen verschiedenen Tätigkeiten).

Machen Sie sich Notizen.

Joint attention – gemeinsame Aufmerksamkeit

Nehmen Sie die Momente wahr, in denen Ihr Kind Sie bittet, die Aufmerksamkeit gemeinsam auf etwas zu richten: „Papa, Mama, guck mal!!“, „Hör mal, das Lied“, „Schau mal, der Film“, „Du errätst nie, welche Note ich habe“. Welche Dinge möchte Ihr Kind gemeinsam mit Ihnen betrachten? Wenn Sie beschließen, etwas gemeinsam zu betrachten, versuchen Sie mit Ihrer vollen Aufmerksamkeit dabei zu sein, und tun Sie dies etwas länger, intensiver oder öfter, als Sie es normalerweise tun.

Machen Sie sich Notizen.

2 Sich selber Vater oder Mutter sein – Selbstfürsorge und Mitgefühl

Wenn Sie nicht wissen, wie Sie sich Ihrer selbst annehmen und sich um die Gewalt in Ihrem eigenen Innern kümmern können, werden Sie auch nicht in der Lage sein, für andere zu sorgen. Sie müssen erst liebevoll und geduldig sein, ehe Sie Ihrem Partner oder Kind Gehör schenken können. Wenn Sie gereizt sind, können Sie nicht zuhören; Sie müssen das bewusste Atmen üben und Ihren Ärger umarmen und verwandeln.

THICH NHAT HANH [24]

Der Sicherheitshinweis an Bord eines Flugzeugs lautet: „Setzen Sie erst sich selbst die Sauerstoffmaske auf und dann Ihrem Kind." Selten legen wir einen größeren Altruismus an den Tag als bei unseren Kindern. Eltern kleiner Kinder vergessen manchmal, auf die Toilette zu gehen, und sie essen im Stehen, so sehr sind sie mit ihrem Nachwuchs beschäftigt. Eltern von Jugendlichen liegen oft die halbe Nacht wach, weil ihr Kind zu spät nach Hause kommt, oder sie sitzen bis elf Uhr abends mit ihm an den

Hausaufgaben, obwohl sie anschließend noch ihre eigene Arbeit erledigen müssen. Wir können uns emotional und physisch völlig verausgaben, wenn wir so gut für unsere Kinder sorgen. Selbstfürsorge und Selbstmitgefühl sind das Gegenmittel für Erschöpfung.

Wenn wir als Kind Eltern hatten, die nicht vollständig anwesend oder unzuverlässig waren, ist es besonders wichtig, dass wir lernen uns Selbstmitgefühl und Selbstfürsorge entgegenzubringen, da wir es von unseren Eltern nicht gut genug gelernt und daher auch nicht internalisiert haben. Wenn wir dann mit schwierigen Ereignissen konfrontiert werden, wie Krankheit, Verhaltensauffälligkeiten des Kindes, Problemen in der Beziehung, Scheidung, Problemen am Arbeitsplatz, Verlust des Arbeitsplatzes, pflegebedürftigen Eltern, die einst für uns gesorgt haben, dem Tod der Eltern, dann müssen wir besonders gut für uns selber sorgen. Aber genau das vergessen wir dann oft. In diesem Kapitel geht es um die Sorge für uns selbst, unseren Körper und darum, wie wir Momenten des elterlichen Leids mit Selbstmitgefühl begegnen.

In einer Mindful-Parenting-Gruppe sprachen wir darüber, inwieweit es den Teilnehmern gelungen war, Zeit für den „Drei-Minuten-Atemraum" im elterlichen Erziehungsstress zu finden, d.h. eine Übung mit diesem Namen zu machen, bei der man sich drei Minuten Zeit nimmt, nachzuspüren, wie es einem gerade geht und die Atmung beobachtet. In diesem Zusammenhang bemerkte eine Mutter entrüstet: „Bei meinem anstrengenden Familienleben habe ich keine drei Minuten Zeit für die Atemübung!" Eine der Funktionen des Rauchens, gerade heute, da es nur noch draußen erlaubt ist, ist es, sich drei Minuten lang aus dem anstrengenden Familienleben zurückziehen zu können, oder als Arbeitnehmer aus dem anstrengenden Beruf, oder auf einem Fest kurz aus dem anstrengenden Gespräch. Es ist ein Moment, den man nur für sich hat. Ich habe die Zeit gestoppt: Es dauert 3 Minuten, eine Zigarette zu rauchen. Das ist genau die Zeit, die sich die Eltern in unseren Kursen nehmen sollten, um ihrem hektischen Alltag kurz zu entfliehen (vgl. Kapitel 3).

Wenn ich an einem mehrtägigen Stille-Retreat teilnehme, was ich einmal im Jahr tun darf und tun muss, fühle ich mich meinen Kindern gegenüber schuldig, weil ich sie anderen überlasse, während ich selber nichts tue. Ich fühle mich meiner Arbeit gegenüber schuldig, weil ich nicht dort bin. Ich fühle mich gegenüber Eltern von Freunden meiner Kinder schuldig, gegenüber Babysittern und Kollegen, denen ich zusätzliche Arbeit aufbürde, damit ich nichts tun kann. Aber natürlich tue ich nicht nichts, wenn ich eine Woche lang in Stille meditiere, ich übe das Nichtstun aus, und das ist eine ziemliche Herausforderung. Zur Eröffnung unseres Retreats sagt unser Meditationslehrer jedes Mal, welches große Geschenk unsere Anwesenheit für unsere Kinder, Partner und Kollegen ist, ein Geschenk an die Welt. Und Meditationslehrer und Psychiater Edel Maex erzählte mir einmal, wie froh seine Frau ist, wenn er auf ein Retreat geht, weil er so ein besserer Partner wird. Indem wir für uns selber sorgen, sorgen wir für die Menschen, die uns umgeben.

Wenn wir für uns selber sorgen wollen, setzt dies voraus, dass wir uns darüber bewusst werden, was in uns vorgeht, wie es uns geht. Erst wenn wir dieses Bewusstsein haben, können wir dafür sorgen, dass unsere Bedürfnisse auch befriedigt werden.

Wir besitzen die Fähigkeit, die Frage, wie es uns geht, zu unterdrücken und unsere Bedürfnisse zurückzustellen, wenn die Situation dies gerade verlangt. Wir sind in der Lage, eine Krankheit hinter eine wichtige Deadline zu verschieben, indem wir Adrenalin und Dopamin produzieren, wenn wir mit etwas Wichtigem beschäftigt sind. Wenn wir in der Wildnis plötzlich einem Löwen begegnen, verspüren wir keinen Hunger mehr, keinen Durst und keine Müdigkeit, sodass wir auch mit unseren letzten Reserven noch flüchten oder kämpfen können. Und so hat die Evolution auch dafür gesorgt, dass wir bei Nahrungsknappheit und Bedrohungen erst für unsere Kinder sorgen. Es ist fantastisch, dass wir in lebensbedrohlichen Situationen dazu in der Lage sind, aber wir handeln automatisch auch in Situationen so, die nicht lebensbedrohlich sind. Meine Tante sagte einmal zu mir: „Ich habe meinen Kindern alles beigebracht, nur nicht, auch an mich zu denken.“ Wenn wir für uns selber sorgen, bringen wir unseren Kindern bei, auf uns Rücksicht zu nehmen und gleichzeitig für sich selber zu sorgen.

Ich erinnere mich noch gut daran, wie sehr ich meine noch kleinen Kinder vermisste, als ich gerade geschieden war und sie bei ihrem Vater waren. Wenn sie dann bei mir waren, stand ich immer 100 Prozent für sie zur Verfügung. Das gesamte Wochenende war ich für sie da, um ihre Bedürfnisse zu befriedigen. Aber ich vermisste dann auch mein Stündchen für mich, das ich mir samstagmorgens immer gönnte, auf dem Sofa, mit einem Milchkaffee und der Zeitung. Und nach einem Wochenende mit meinen Kindern ging ich glücklich, aber auch völlig erschöpft, wieder zur Arbeit.

In der Schule beobachtete ich, wie die sehr kompetente Lehrerin meines Sohnes manchmal ein Schild aufhängte, auf dem stand: NICHT STÖREN! Dann durften die Kinder die Lehrerin nichts fragen, sondern mussten selber eine Lösung finden und sich gegenseitig helfen, während sich die Lehrerin um einzelne Kinder kümmerte.

Ich beschloss, das zu Hause auch einzuführen. Meine Kinder machten begeistert mit, nahmen am Samstag, während ich mit Kaffee und Zeitung auf dem Sofa saß, die Telefonanrufe entgegen (es gab damals noch keine Handys) und erklärten dem Anrufer, dass ihre Mutter nicht gestört werden dürfe, weil sie die Zeitung lese und Kaffee trinke.

Mein kleiner Sohn half seiner jüngeren Schwester auf die Toilette und wenn er sah, dass sie mit einer Schere herumlief, nahm er sie an sich. In seinem allerersten Tagebuch, das er mich einmal lesen ließ, beschrieb er diese Samstagmorgen-Auszeit, die ich mir nahm, denn sie war ihm offensichtlich wichtig. Offenbar habe ich nicht nur mir selbst, sondern auch meinen Kindern damit etwas Wichtiges gegeben.

Wir sorgen für uns selbst, wenn wir ab und zu Abstand von dem nehmen, was Edel Maex so schön „die Turbulenzen des Lebens“[25] nennt, sodass wir uns bewusst machen können, was wir brauchen und dafür Raum schaffen. Eine Voraussetzung hierfür ist, auf unseren Körper zu hören. Wenn wir einen Schritt zurücktreten, in unseren Körper hineinhorchen und das, was wir wahrnehmen, umfassend erfahren, bringen wir uns mit uns selber in Einklang, und das wiederum ist die Voraussetzung dafür, uns in Einklang mit unseren Kindern zu bringen.[26] Wie aber sollte das gelingen, wenn wir den Kontakt zu uns verloren haben? Besonders wenn wir sehr beschäftigt sind, mit der Arbeit, den Kindern, dem Haushalt, neigen wir dazu, unseren Körper zu vernachlässigen, weil wir die Gefühle von Müdigkeit, Schmerz und Stress gerade nicht gebrauchen können.

Auch angenehme körperliche Empfindungen nehmen wir so nicht mehr wahr. Erinnern Sie sich noch daran, wie es war, Ihr Kind zu stillen? Wie es sich anfühlte, wenn Ihr Kind auf Ihren Schultern saß und seine Hände auf Ihren Kopf oder um Ihren Nacken legte? Indem wir Kontakt zu unserem Körper aufnehmen, verbinden wir uns mit diesem Moment und verlassen den Tun-Modus. Was spüren Sie in Ihrem Körper, wenn Sie essen, die Zeitung lesen, duschen, einen Kuchen backen, mit dem Fahrrad zur Arbeit fahren, die Kinder von der Schule abholen? Uns unseren physischen Zustand vor Augen zu führen, ist die Voraussetzung dafür, für ihn sorgen zu können. Für den Körper zu sorgen, kann ganz konkrete Dinge umfassen, wie zu essen oder zu trinken, wenn wir bemerken, dass wir Hunger oder Durst haben, damit aufzuhören zu essen oder zu trinken, wenn wir satt sind oder der Durst gelöscht ist; auf die Toilette zu gehen, wenn wir müssen; schlafen zu gehen, wenn wir die Müdigkeit bemerken; uns zu bewegen, wenn wir steif geworden sind oder Schmerzen haben; uns in Ruhe irgendwo hinzusetzen oder zu laufen, wenn wir bemerken, dass wir unruhig oder reizbar sind usw.

Die Fähigkeit, bei dem anwesend zu sein, was wir an unserem Körper wahrnehmen, können wir auch schulen, wenn wir uns im Kontakt mit unserem Kind befinden: Wie stehen wir, wenn wir unser Kind in die Badewanne heben, wie sitzen wir, wenn wir unser Kind füttern, was geschieht in unserem Körper, wenn wir ein schwieriges Thema mit unserem heranwachsenden Kind besprechen? Wir lernen, auf das Leben in unserem Körper zu hören, auf seine Weisheit. Der Bodyscan ist eine Meditation, in der Sie Ihren gesamten Körper scannen, um Körperbewusstsein aufzubauen. Aber auch eine Wanderung durch die Natur, schwimmen, Fahrrad fahren, Yoga oder Sport tragen dazu bei, dieses Körperbewusstsein zu schulen, vor allem wenn man aufmerksam wahrnimmt, was während und nach der Bewegung im eigenen Körper vor sich geht.

Selbstmitgefühl ist ein Bestandteil der Sorge für uns selbst und besonders wichtig in Momenten des Stresses und des Leidens, in Momenten der (Selbst-)Kritik und der (Selbst-)Vorwürfe, in Momenten des Scheiterns.

Chris Germer und Ron Siegel umschreiben „Mitgefühl" (engl.: *compassion)* als:

> „Mitgefühl setzt daher voraus, dass man Leiden anerkennt und klar sieht. Es bringt Gefühle der Freundlichkeit und Anteilnahme und Verständnis für Menschen mit sich, die an einem Schmerz leiden, sodass das Verlangen, Leiden zu lindern, natürlich und von selbst entsteht. Schließlich gehört zu Mitgefühl, dass man erkennt und anerkennt, was wir als Menschen gemeinsam haben, die Conditio humana, und wie fragil und unvollkommen wir sind. Selbstmitgefühl hat genau dieselben Qualitäten – nur ist es ein Mitgefühl, das nach innen gerichtet ist."[27]

Mitgefühl ist uns von Natur aus gegeben.

Als Kind war ich ständig damit beschäftigt, hilflose Tiere in Not zu retten, ich arbeitete ehrenamtlich im Dritte-Welt-Laden, sammelte Spenden für hungernde Kinder in Afrika (und muss zu meiner eigenen Schande gestehen, dass ich vom gesammelten Geld einmal zwei Wasserschildkröten für mich gekauft habe, und als sie starben, betrachtete ich das als Strafe für mein schlechtes Benehmen). Referate hielt ich über meine großen Helden, wie Martin Luther King und Gandhi (die großes Mitgefühl für das Leiden anderer an den Tag legten, indem sie mit dem Volk mitlitten). Ich las alle Bücher über den Holocaust, die ich in der Bibliothek finden konnte und versuchte, mir das unglaubliche Leid der Juden vorzustellen. In der Pubertät beweinte ich das Schicksal meiner Lieblingsmusiker, wie Jimi Hendrix, der an einer Überdosis starb, und ich las viele Bücher von Schriftstellern, die Selbstmord begingen[28], wie Sylvia Plath, und betrauerte das Schicksal dieser talentierten Menschen. Ich schaute mir Filme an, die die Missstände in der Psychiatrie zum Thema machten, wie „Einer flog übers Kuckucksnest", und ich wollte diesen Zustand beenden. Ich wusste schon damals, dass ich Psychotherapeutin werden wollte: Ich wollte helfen, das Leiden anderer Menschen zu verringern! Dass ich auf diese Weise auch mein eigenes Leiden lindern und meine eigenen Traumata heilen wollte, wusste ich damals noch nicht.

Mitgefühl ist das angeborene Bedürfnis, uns in das Leiden anderer hineinzuversetzen und zu helfen. Und dieses Mitgefühl empfinden wir ganz natürlicherweise für unsere Kinder. Viele Eltern sagen, dass sie gar nicht wussten, dass sie jemanden so lieben können, bis sie ein Kind bekamen. Natürlich ist es nicht nur Mitgefühl, was wir für unsere Kinder empfinden, wir können auch sehr negative Gefühle und Verhaltensweisen unseren Kinder gegenüber an den Tag legen (dazu später mehr). Aber wenn es uns als Eltern gelingt, uns mit der grenzenlosen Liebe zu verbinden, die wir für unsere Kinder empfinden können, machen wir uns nicht nur bewusst, dass wir die natürliche Fähigkeit besitzen, unsere Kinder zu lieben und für sie zu sorgen, sondern auch, dass wir dasselbe für uns tun können.

Caroline Falconer und Kollegen untersuchten mithilfe von Virtual Reality und anderen modernen Techniken die Auswirkungen von Selbstmitgefühl auf Menschen, die eine Depression durchleben, und veröffentlichten hierzu ein Video.[29] Wir wissen, dass Menschen, die an einer Depression leiden, extrem selbstkritisch sind, sich von anderen isolieren und kaum Selbstmitgefühl aufbringen, wenn sie sich in einer schwierigen Situation befinden. In einer Virtual-Reality-Umgebung forderten die Forscher Menschen mit einer Depression auf, als lebensgroße Avatare ein völlig verzweifeltes Avatar-Kind zu trösten. Sie wurden gebeten, dem Kind mit freundlicher Stimme die folgenden Worte zu sagen: „Es ist nicht schön, dass Dinge passieren, die wir nicht gut finden. Das hat dir wehgetan, stimmt's? Wenn wir traurig sind, hilft es manchmal, an jemanden zu denken, der uns wirklich gerne mag und nett zu uns ist. Könntest du das für mich tun? An jemanden denken, den du magst und der nett zu dir ist? Was würde die Person jetzt zu dir sagen, damit du dich ein bisschen besser fühlst?" Sensoren zeichneten Stimme und Körpersprache der Testpersonen auf. Das virtuelle Kind war so programmiert, dass es langsam aufhörte zu weinen und sich dafür zu interessieren begann, was der Erwachsene zu sagen hatte.

Anschließend erlebte der Erwachsene die Szene noch einmal, diesmal aus der Perspektive des Kindes, wobei der Erwachsene sich selbst als lebensgroßen Avatar sah, der sich ihm näherte, dieselben liebevollen Dinge sagte und dieselben Gesten benutzte. Diese Technik wird *embodiment* genannt. Nach einer Reihe von Wiederholungen dieser Mini-Intervention von acht Minuten pro Monat, gaben die Testpersonen an, dass sie freundlicher zu sich selbst geworden wären und ihre depressiven Symptome abgenommen hätten. Eine Testperson sagte, dass ihr Folgendes klar geworden sei: „Wir sind alle Menschen und verletzlich und es ist okay ein verletzlicher Erwachsener zu sein." Andere meinten, es habe ihnen geholfen, an diese Erfahrung zurückzudenken, wenn sie verzweifelt gewesen waren. Sie brachten dann mehr Selbstmitgefühl auf.

Genauso wie wir unsere Kinder trösten können, wenn sie Schmerzen haben, so können wir auch uns selbst trösten, wenn wir Schmerzen haben. Selbstmitgefühl hat Kristin Neff zufolge drei Komponenten:

1. Den Schmerz erkennen und sich ihm gegenüber achtsam verhalten,
2. uns entgegen unserem Impuls, uns zu schämen und uns zu isolieren, daran erinnern, dass das Leiden die Menschen verbindet, wenn etwas in unserem Leben schiefläuft,

3. mit Freundlichkeit statt mit Selbstkritik zu reagieren, einzusehen, dass wir Mitgefühl brauchen und verdienen.[30]

So können Sie sich zum Beispiel Folgendes sagen, wenn Sie gestresst sind oder seelischen Kummer haben:

> Das ist ein Moment des Leidens (oder: Das ist wirklich schwierig).
>
> Leiden gehört zum Leben (oder: Ich bin nicht der/die Einzige, der/die leidet).
>
> Ich sollte freundlich zu mir selber sein.
>
> Ich sollte mir das Mitgefühl schenken, das ich brauche.

Allerdings sollten wir Selbstmitgefühl nicht einfach nur entwickeln, „um uns besser zu fühlen, sondern weil wir uns schlecht fühlen".[31] Wir sollten uns bewusst machen, dass Leiden zum Menschsein gehört und dass Leiden sein darf. Wenn wir Selbstmitgefühl als Technik einsetzen, um die unangenehmen Gefühle, die wir in diesem Moment spüren, zum Verschwinden zu bringen, ist das eine Form des Widerstands und zum Scheitern verurteilt. Chris Germer sagt: „Mitgefühl gibt uns die Kraft, mit den Wechselfällen des Lebens – Freude und Trauer, Krankheit und Gesundheit, Gewinn und Verlust – umgehen zu können, bis wir die Möglichkeit haben, etwas zu ändern."

So lernen wir, unsere eigenen Eltern zu sein, für das Kind in uns zu sorgen. Besonders für Eltern, die als Kind zu wenig Fürsorge und Zuspruch erhalten haben, kann Selbstmitgefühl eine echte Herausforderung sein. Eine junge Mutter beschrieb ihre Erfahrung mit einer Übung, in der sie sich bildlich vorstellen sollte, wie jemand, bei dem sie sich sicher fühlte, sie festhielt und tröstete: „Ich hatte nie jemanden, der mich so festgehalten hat. Das ist sehr traurig, aber es fühlt sich so gut an."[32]

In einer Mindful-Parenting-Gruppe machten wir eine Übung zum Thema Selbstmitgefühl, bei der die Eltern sich jemanden vorstellen sollten, der sie bedingungslos liebt. Eine der Teilnehmerinnen hatte in sehr jungen Jahren ihre Mutter verloren. Sie wählte für die Übung also ihre zweite Mutter und musste weinen, als sie sich diese Mutter vorstellte, wie sie sie festhielt, ihr über das Haar streichelte und ihr zuhörte. Sie schrieb: „Ich weiß, was das ist, diese Trauer, diese Angst. Die Vorstellung, dass mich jemand bedingungslos liebt, finde ich tief in meinem Inneren unheimlich. Die Erste, die so für mich empfand, starb."

Mitgefühl, die Empfindung, die entsteht, wenn wir jemand anderen leiden sehen, was den Wunsch zu helfen hervorruft, ist nicht dasselbe wie Empathie, die stellvertretende Erfahrung der Emotion eines anderen.[33] Um echtes Mitgefühl zu empfinden, müssen wir uns bewusst machen, dass wir nicht eins sind mit der Person, die leidet, dass ihr Unglück nicht unseres ist. Zwischen Empathie und Mitgefühl zu unterscheiden, kann helfen, den Zustand der *compassion fatigue* zu verstehen. Eltern, die sich um ein Kind mit ernsthaften psychischen oder körperlichen Problemen kümmern oder mit anderen schwierigen Familienkonstellationen konfrontiert sind, in denen sie ständig traumatische Erfahrungen machen, die mit dem Leiden anderer zusammenhängen (zum Beispiel mit einem drogenabhängigen Partner oder der Pflege eines dementen Elternteils), können unter *compassion fatigue* leiden.

Charles Figley definiert diese Mitgefühlserschöpfung wie folgt: „Ein Zustand, bei dem Menschen, die Tieren oder Menschen in Not helfen, unter extremer Anspannung stehen und sich ständig mit demjenigen beschäftigen, dem sie helfen, sodass traumatischer Stress beim Helfenden entstehen kann."[34] Es handelt sich um eine Art Burnout, die bei Eltern und Helferinnen häufig vorkommt, und auch *secondary traumatization* genannt wird. Schwester Teresa erkannte, dass dieses Risiko bei ihren Schwestern besteht, die Menschen in Not halfen, und schickte sie alle vier bis fünf Jahre in Urlaub, damit sie sich von den Traumata und dem Leiden erholen konnten, das sie bei anderen sahen. Und da Eltern sich so sehr mit ihren Kindern identifizieren, ist bei ihnen das Risiko auf *compassion fatigue* groß, wenn ihre Kinder ernsthafte Probleme haben.[35]

Daher ist es wichtig, dass wir besonders gut für uns selber sorgen, wenn wir mit Leiden oder Traumata bei Familienmitgliedern konfrontiert sind.

Compassion fatigue entsteht allerdings nicht nur, wenn wir Leiden und Traumata um uns herum erleben, sondern auch dadurch, wie wir damit umgehen. Wenn wir Eltern sind, ist es wichtig, Selbstmitgefühl für unser eigenes Leiden empfinden zu können (wegen des Leidens unseres Kindes), damit wir uns mit dem Leiden unseres Kindes verbinden können (sein Leiden ist nicht unser Leiden).[36] In den Mindful-Parenting-Gruppen sehe ich immer wieder, wie Eltern, die unter dem Leid ihrer Kinder leiden – (den Folgen von) Autismus, Sucht, Suizidalität, Anorexie, Mobbing, Scheidung, chronischen Krankheiten usw. –, sich vorwerfen, dass sie alles falsch gemacht haben, und dadurch zum Leiden ihrer Kinder beitragen oder beigetragen haben. Ich sehe, wie hart sie arbeiten, um das Leid ihrer Kinder zu verringern, um damit vielleicht auch etwas von ihrer eigenen vermeintlichen Schuld wiedergutzumachen, als Buße.

Aber unabhängig davon, ob wir das Leiden unserer Kinder hätten verhindern können (dazu mehr in Kapitel 8 über Schuld), leiden wir Eltern wie kein anderer unter dem Leid unserer Kinder. Wir sind auf Mitgefühl angewiesen und können uns selber Mitgefühl schenken. Denn was hindert uns daran, uns selber Mitgefühl zu schenken, wenn wir es so sehr brauchen? Am liebsten würden wir das Leiden unseres Kindes auf uns nehmen („Hätte ich doch diese Krankheit"), damit es nicht mehr leiden muss. Aber echtes Mitgefühl bedeutet zu erkennen, dass es sein Leid ist und nicht unseres, damit wir unserem Kind beistehen und Mitgefühl für sein Leid aufbringen können. Es bedeutet anzuerkennen, dass unser Kind leidet, dass wir dieses Leiden nicht immer erträglicher machen können und fühlen, wie schmerzhaft das für uns ist, dass dieser Schmerz sein darf und dass wir uns (auch) um unseren eigenen Schmerz kümmern müssen.

Wir können als Eltern auch für uns sorgen, indem wir das Kind in uns selber erkennen und schauen, was es braucht. Als Kind waren wir von der Fürsorge unserer Eltern abhängig. Aber möglicherweise haben wir in

Momenten, in denen wir traurig, wütend, ängstlich, gestresst oder neidisch waren, erlebt, dass unsere Eltern oder andere, deren Fürsorge wir anvertraut waren, wie Babysitter, Lehrer, Brüder und Schwestern, uns nicht getröstet haben, sondern zurechtgewiesen („Selbst schuld", „Hättest du nicht …", „Pass doch besser auf", „Stell dich nicht so an", „So etwas darf man nicht fühlen!") – was sie übrigens taten, weil sie nicht in der Lage waren, Selbstmitgefühl zu empfinden. Wir machen selten absichtlich Fehler, und dennoch werden wir deswegen oft verurteilt, ganz so, als hätten wir aus böser Absicht gehandelt. Ich erinnere mich daran, wie ich als Kind einen Umschlag mit 100 Gulden verloren habe, den ich in meine Hosentasche gestopft hatte. Wie ich voller Angst vor der Reaktion meiner Eltern nach Hause radelte, mich selber fertigmachte, weil ich so dumm gewesen war. Verrückter Weise erinnere ich mich nicht an die Reaktion meiner Eltern, nur noch an meine Angst vor ihrer Reaktion und an meine Selbstvorwürfe.

Manchmal passiert mir als Erwachsener etwas Vergleichbares (Wie dumm kann man nur sein, ich lerne auch nichts dazu!), so wie damals, als ich am Flughafen mit dem Handy am Ohr aus dem Bus stieg, glücklicherweise nicht vergaß auszuchecken, aber meinen Koffer im Bus stehenließ. Ich versuchte verzweifelt, ihn wiederzufinden, verpasste so das Flugzeug nach Oxford und den Koffer fand ich auch nicht wieder. In solchen Momenten ist mein erster Impuls, mir selber Vorwürfe zu machen und meinem Leiden so noch mehr Leiden hinzuzufügen, während ich eigentlich Selbstmitgefühl brauche (und verdiene, so schwierig es auch ist, das zu empfinden) – „Das ist ein Moment des Leidens", „Ich bin nicht die Einzige, die ihren Koffer irgendwo vergisst und deshalb in Schwierigkeiten gerät", „Ich werde liebevoll mit mir umgehen".

Der Meditationslehrer Thich Nhat Hanh macht dies am Bild eines Babys deutlich. Wenn man zum Beispiel sehr wütend ist, sollte man sich selber mit besonderer Freundlichkeit begegnen und sich wiegen wie ein Baby. Thich Nhat Hanh zufolge gibt es in uns allen ein verwundetes Kind, das durch unser Selbstmitgefühl geheilt werden kann:

Wenn wir davon sprechen, mitfühlend zuzuhören, denken wir üblicherweise daran, das wir jemand anderem zuhören. Doch wir müssen auch dem verwundeten Kind in uns zuhören. Manchmal braucht es all unsere Aufmerksamkeit. Dieses kleine Kind taucht vielleicht aus der Tiefe Ihres Bewusstseins auf und bittet um Ihre Aufmerksamkeit. Sind Sie achtsam, werden Sie seine Hilferufe hören können. In solchen Momenten sollten Sie das verwundete Kind zärtlich umarmen, statt weiter dem, was Sie gerade beschäftigt, Aufmerksamkeit zu schenken. In einer Sprache der Liebe können Sie ganz direkt mit dem Kind sprechen und ihm sagen: „In der Vergangenheit habe ich dich allein gelassen, habe mich von dir abgewendet. Das tut mir sehr leid. Ich möchte dich umarmen."

Sie können auch sagen: „Liebes, ich bin für dich da. Ich werde mich gut um dich kümmern. Ich weiß, wie sehr du leidest. Stets war ich so beschäftigt. Ich habe dich vernachlässigt, doch nun habe ich einen Weg gefunden, zu dir zurückzukehren."

Vielleicht müssen Sie gemeinsam mit diesem Kind weinen. Sie können auch, wann immer Sie es brauchen, mit ihm zusammensitzen und atmen:

Einatmend wende ich mich meinem verwundeten Kind zu. Ausatmend kümmere ich mich gut um mein verwundetes Kind.[37]

Die Bodyscan-Meditation kann uns darin unterstützen, besser auf unseren Körper zu hören und für unseren Körper zu sorgen. Und wir können uns selber immer wieder fragen: „Was brauche ich?" Auch durch formelle Mitgefühl-Meditationen, wie die Hand-aufs-Herz-Meditation, oder indem wir uns mitfühlende Dinge sagen, arbeiten wir an unserem Selbstmitgefühl.

Dabei sollte man sich klar machen, dass es um die Durchführung selbst geht, darum, sich etwas zu gönnen, sich selber Gesundheit, Glück und Liebe etc. wünschen zu *dürfen*. Es geht nicht darum, dass man auch bekommt, was man sich wünscht. Und indem man schließlich jeden Tag bei den Dingen innehält, die einen mit Dankbarkeit erfüllen, erinnert man sich selber daran, dass das Glück nicht in der Zukunft liegt, sondern bereits da ist.

Bodyscan (sitzend oder liegend) mit Selbstmitgefühl (Audiodatei Nr. 2)

Der Bodyscan ist eine Meditation, die sitzend oder liegend durchgeführt werden kann. Oft sind wir uns unseres Körpers gar nicht bewusst und leben nur in unserem Kopf. In dieser Meditation scannen Sie alle Körperteile im Geist des Anfängers, mit offener, neugieriger Aufmerksamkeit für alle Empfindungen Ihres Körpers, so als würden Sie ihn zum ersten Mal wahrnehmen. Sich hierfür Zeit zu nehmen, ist nicht nur eine Übung, um das Körperbewusstsein oder die Aufmerksamkeit zu schulen, es geht dabei auch um Selbstmitgefühl. Führen Sie in dieser Woche am besten jeden Tag einmal einen Bodyscan durch. Bei der Audiodatei Nr. 2 handelt es sich um einen 10-minütigen Bodyscan. Längere Meditationen können Sie im Internet finden.

Machen Sie sich Notizen zu Ihren Erfahrungen.

Falls Sie sich schuldig fühlen sollten, wenn Sie nicht meditieren, folgender Hinweis: Es kann sein, dass Sie die *Absicht* haben, jeden Tag zu meditieren, es aber nicht tun, so wie Sie sich vielleicht auch vorgenommen haben, Sport zu treiben, gesund zu essen, früh ins Bett zu gehen, weniger zu trinken und zu rauchen usw. Absichten nicht nachzukommen, kann ein Grund für Schuldgefühle sein. Sie machen sich Vorwürfe, weil Sie nicht meditieren, was meistens nicht dabei hilft, doch zu meditieren. Schlimmer noch, Sie fühlen sich nur noch schlechter. Meditieren wird dann zu einem der vielen Dinge auf Ihrer täglichen „To-do-Liste", sodass Ihr Zeitplan noch voller wird. Und vielleicht ist dann die Tatsache, dass Sie nicht meditieren, der Grund dafür, dieses Buch in die Ecke zu werfen.

Vielleicht hilft es Ihnen, eine Liste anzufertigen, in der alle Hinderungsgründe auf der linken Seite und die möglichen Lösungen hierfür auf der rechten Seite stehen. Hier ein Beispiel, das in einer Gruppe von Mindfulness-Trainern entstanden ist:

Hinderungsgründe:	**Lösungen**
zu müde, zu viel zu tun	mehr schlafen, zu einem anderen Zeitpunkt meditieren
keine Lust	es muss keinen Spaß machen
vergessen	Erinnerung aufs Telefon kleben, Termin machen
langweilig	erst wenn es langweilig wird, wird es interessant, anderen Text (Audiodatei) ausprobieren
Angst, es nicht richtig zu machen	es gibt kein „richtig", es ist in Ordnung Angst zu haben
Alkohol getrunken	zu einem anderen Zeitpunkt meditieren, einmal mit Alkohol meditieren
Schuldgefühle gegenüber der Familie und der Arbeit	Sie profitieren von der Meditation, gönnen Sie es sich!
es hilft nicht	lassen Sie sich Zeit

Was brauche ich?

Kurz innezuhalten, um sich darüber klarzuwerden, was man gerade braucht, ist für Chris Germer der erste Schritt in Richtung Selbstmitgefühl im täglichen Leben. Stellen Sie sich die folgenden Fragen und notieren Sie die Antworten. Zu jeder Frage finden Sie hier Beispielantworten.

Wie sorge ich für mich als Mutter/Vater?
(körperlich, mental, emotional, im Verhältnis zu anderen, spirituell)

Ich bringe meine Kinder einmal in der Woche zu meiner Mutter, um einen Nachmittag für mich zu haben. Ich meditiere morgens, bevor ich sie aus dem Bett hole. Ich bitte meinen Partner, mir zu helfen. Ich lese Erziehungsratgeber.

Welche neuen Ansätze kann ich finden, um für mich als Vater/Mutter zu sorgen?
(körperlich, mental, emotional, im Verhältnis zu anderen, spirituell)

Ich kann meinen Kindern beibringen, mehr auf mich zu achten. Ich kann mehr auf meine Haltung achten, wenn ich etwas mit den Kindern mache. Ich kann eine Freundin anrufen, wenn ich bei der Erziehung nicht weiterweiß.

Die Hand-aufs-Herz-Meditation und die liebevolle Freundlichkeitsmeditation

Betrachten Sie in dieser Woche Momente des elterlichen Leids. Dabei kann es um kleine Probleme gehen, zum Beispiel darum, dass Sie sich schrecklich viel Mühe gegeben haben, ein leckeres Essen zu kochen, und Ihre Kindern es nicht mögen, oder dass Sie das Fest, zu dem Ihr

Kind eingeladen war, vergessen haben und es jetzt traurig in seinem Zimmer sitzt.

Sagen Sie sich: „Es ist ein Moment des Leidens."

Verbinden Sie Ihr eigenes Leiden mit dem Leiden anderer Eltern, indem Sie sich sagen: „Ich bin nicht die einzige Mutter, die leidet" oder „Ich bin nicht die Einzige, die Fehler macht".

Sprechen Sie sich tröstende Worte zu: „Es ist nicht leicht, eine gute Mutter zu sein" oder „Ich sollte nett zu mir selber sein". Beobachten Sie, welche tröstenden Worte Ihnen in den Sinn kommen, und schreiben Sie sie auf.

Oder versuchen Sie es mit tröstenden Handlungen:

Legen Sie beide Hände sanft auf Ihr Herz und fühlen Sie den Druck und die Wärme der Hand, die auf der anderen liegt, und den Druck und die Wärme Ihrer beiden Hände auf der Brust. Verweilen Sie so lange bei diesem Gefühl, wie Sie wollen.

Umarmen Sie sich selbst, indem Sie beide Arme um sich legen.

Fötushaltung: Rollen Sie sich auf der Seite liegend ein und legen Sie Ihre Arme in einer schützenden Haltung um die Beine.

Reiben Sie die Hände gegeneinander, bis sie warm werden, und legen Sie sich die warmen Hände auf Ihr Gesicht.

Oder stellen Sie sich die Frage: „Was brauche ich gerade?" und beobachten Sie, welche Ideen in Ihnen aufsteigen. Unabhängig davon, ob Sie sich diese Dinge im Augenblick geben können, hilft es Ihnen dabei, mit Ihrem Bedürfnis nach Fürsorge, Unterstützung, Freundlichkeit, Stille, Ruhe oder einer Umarmung in Kontakt zu kommen.

Dankbarkeit

Schreiben Sie jeden Abend vor dem Schlafengehen drei Dinge auf, für die Sie an diesem Tag Dankbarkeit empfunden haben, so klein sie auch gewesen sein mögen. Legen Sie den Zettel in Ihre Nachttischschublade, dann erinnert er Sie daran!

Ich mache dies, seit ich 2012 an einem Workshop bei Chris Germer teilgenommen habe, und jeden Tag, auch an den schwierigsten, merke ich, wie es mir die „kleinen Dinge, die gar nicht so klein sind", um mit Jon Kabat-Zinn zu sprechen, ins Bewusstsein ruft. Und das hilft mir, das Leben zu feiern und den Tag gut abzuschließen. Meditationslehrer Thich Nhat Hanh sagt hierzu: „Wir tragen alle den Samen der Liebe und des Mitgefühls in uns, aber auch den Samen des Hasses und der Wut. Je mehr Wasser wir dem Samen der Liebe geben, desto mehr Liebe und Mitgefühl erzeugen wir in uns und in anderen."[38]

3 Elterlicher Stress – Atemraum schaffen, statt einfach nur überleben

Sie [Vanja, 4 Jahre] ist bereits in die Welt getrieben worden und kann so frech werden, dass ich völlig die Beherrschung verliere und sie anbrülle oder schüttele, bis sie in Tränen ausbricht. Oft lacht sie jedoch auch nur. Als es zuletzt so war und ich so wütend wurde, dass ich sie rüttelte und sie bloß lachte, hatte ich eine Eingebung und legte eine Hand auf ihre Brust.
Ihr Herz hämmerte. Oh, wie es hämmerte.

KARL OVE KNAUSGÅRD[39]

Ich wohne im Zentrum einer großen Stadt in der Nähe eines Kindergartens. Und manchmal werde ich Zeuge des Stresses, den Eltern haben, wenn sie morgens ihre Kinder bringen – vielleicht kommen sie zu spät zur Arbeit, haben keinen Parkplatz gefunden, die Kinder wurden zu früh geweckt und weinen jetzt oder machen nicht mit. Abends, wenn die Kinder wieder abgeholt werden, scheint der Stress noch größer zu sein: vielleicht wegen des Wettlaufs gegen die Zeit, um pünktlich in der Kita zu erscheinen, die um halb sieben schließt. Denn was passiert mit dem Kind, wenn man nicht pünktlich ist? Die Kinder sind müde und quengelig, die Eltern drohen ihnen: „Wenn du jetzt nicht still bist, gehen wir nicht aus zu Essen“, oder sie versuchen, ihre Kinder zu bestechen: „Wenn du aufhörst zu weinen, gehen wir heute Abend aus zum Essen.“

Wie wäre es, wenn sich die Türen des Kindergartens nicht einfach öffnen ließen, sondern erst, nachdem die Eltern eine Minute in Ruhe vor der Tür gewartet hätten, oder nachdem ein Sensor in der Tür einen ruhigen Herzschlag bei den Eltern (niedrige Frequenz, hohe Variabilität)gemessen hätte? Die Eltern würden sich dann ihres eigenen inneren Zustands bewusst werden und ihr Kind mit einem offenen Blick bringen oder abholen.

Erziehungsstress kann unsere schlechtesten Eigenschaften ans Tageslicht befördern. Diese Momente, in denen wir die Geduld verlieren und Wut und Frustration in uns aufsteigen, tun uns im Nachhinein meist leid, denn wir wissen, dass sie Spuren hinterlassen, Spuren, wie sie auch unsere eigene Jugend in uns hinterlassen hat, die Erinnerungen an die Konfrontationen mit unseren Eltern, mit denen wir immer noch kämpfen. In einer Reihe von sechs autobiografisch inspirierten Büchern beschreibt Karl Ove Knausgård solche Vorfälle zwischen einem Vater und seinen Kindern und er fragt sich, warum dieser Vater manchmal die Geduld so völlig verliert.

In diesem Kapitel wird es um elterlichen Stress gehen, seine evolutionäre Basis und seine Funktion. Außerdem geht es darum, wie wenig wir diesen Stress kontrollieren können („Wir können nichts daran ändern, es liegt in unseren Genen“), sowie um die Möglichkeit, den Stress zu erkennen, einen kurzen Moment lang nichts zu tun, wahrzunehmen, auf unseren Atem zu achten, um nicht einfach unseren Überlebensreaktionen ausgeliefert zu sein, es sei denn es geht wirklich um Fragen von Leben und Tod. Auf diese Weise können wir dafür sorgen, dass aus einem rein reaktiven Elternverhalten eine bewusste Erziehungshaltung wird. So können wir antworten statt einfach nur zu reagieren.

Kaum etwas verursacht mehr Stress als die Tatsache, dass es unserem Kind nicht gut geht. Ich erinnere mich noch gut daran, wie ich eines Morgens, kurz nach meinem Mutterschutz, zur Arbeit kam – eine Babysitterin passte auf unser drei Monate altes Kind auf – und die Sekretärin zu mir sagte: „Du musst sofort zu Hause anrufen, es ist dringend" (das war noch in der Zeit, als es keine Handys gab). Auf dem Weg in mein Büro dachte ich sofort: „Mein Baby ist tot", dann: „Es ist verunglückt", „Es ist krank" und schließlich, während ich den Hörer hochhob und unsere Nummer wählte: „Ich habe vergessen, einen Einkaufszettel hinzulegen und aufzuschreiben, was für heute Abend gekocht werden soll." Der letzte Gedanke entsprach der Wirklichkeit.

Dieses Beispiel illustriert, dass bei mehrdeutigen Nachrichten („es ist dringend") sofort unser „Gefahrenschema"[40] aktiviert wird. Ein Schema ist ein organisiertes Set von (evolutionsbedingten, also ererbten) Kenntnissen und Erfahrungen im Zusammenhang mit einem bestimmten Thema – zum Beispiel Gefahr –, die wir oft schon früh in unserem Leben erworben haben und das bei bestimmten Signalen aktiviert wird. Ein solches Signal kann eine körperliche Erfahrung sein („Stress"), ein Wort („dringend"), ein Bild („Krankenwagen") oder eine Erinnerung („Unfall des Bruders als Baby"). Wir sind von der Evolution so ausgestattet, dass wir unheilvollen Interpretationen größere Bedeutung zumessen als unbedeutenden oder positiven, was uns dabei hilft, diese vorrangig zu behandeln. In meinem Beispiel stellte ich die Liste mit Patienten, die ich dringend zurückrufen sollte, zurück und rief zuerst den Babysitter an. Als ich wusste, warum der Babysitter angerufen hatte, konnte ich mich wieder entspannen. Wir sind darauf programmiert, Gefahrensignalen („dringend") und Gefahreninterpretationen („Mein Baby ist tot") eine größere Wichtigkeit zuzumessen, da die Kosten dafür, eine Gefahr zu Unrecht zu ignorieren, meist größer sind als die Kosten dafür, eine Gefahr vorschnell auszumachen.

Wenn wir eine mögliche Gefahr entdecken (zum Beispiel ein Rascheln, das auf die Anwesenheit einer Schlange im Gras schließen lässt), wählt dieses Signal den schnellen Weg in unserem Gehirn. Es umgeht den präfrontalen Teil – den langsamen Weg –, mit dem wir planen, abwägen, die Konsequenzen unseres Handelns überblicken, die Perspektive der anderen einnehmen können, empathisch sind. Und so geht das Signal direkt durch die Amygdala und unser limbisches System (die beide sowohl bei erlernter und angeborener Angst aktiv sind), sodass wir, ohne zu denken, handeln können (Signal: Rascheln im Gras … Aktion: Lauf!).[41]

Die Tendenz, in gefährlichen Situationen erst zu handeln und dann zu überlegen, hat unseren Vorfahren größere Überlebenschancen gesichert. Bei dieser schnellen Aktion handelt es sich um eine Kampf- oder Fluchtreaktion, bei der wir intuitiv entscheiden, was für unser Überleben am aussichtsreichsten ist: Angriff oder Flucht. Wir kontrollieren das nicht bewusst, es geschieht automatisch. Dabei sind wir auf das Überleben unserer Gene ausgerichtet und vielleicht sind darum auch unsere Kinder unsere größte Stressquelle oder dasjenige, was unser Gefahrenschema am stärksten aktiviert. Sie tragen unsere Gene. Vielleicht ist das bei Müttern anders als bei Vätern, aus dem einfachen Grund, weil die Mutterschaft immer eindeutig ist, weil die Mutter das Kind geboren hat. Außerdem können Männer viel mehr Kinder bekommen als Frauen (vor Tausenden von Jahren konnten Frauen nur einmal alle vier Jahre ein Kind zur Welt bringen, weil sie das Kind so lange stillten).

Die Überlebensreaktionen Kampf oder Flucht sind gut untersucht, vor allem bei männlichen Testpersonen. Neuere Untersuchungen zeigen, dass es besonders (aber nicht nur) bei Frauen noch eine andere Überlebensreaktion gibt: „tend and befriend".[42] In Stresssituationen tendieren Frauen eher als Männer dazu, sich mit anderen zusammenzuschließen. Sie halten ihre Kinder fest *(tend)* und lächeln ihren Feind an *(befriend)*, wenn das ihre Überlebenschancen und die ihrer Kinder erhöht. Diese Reaktion könnte erklären, warum Mütter in der Stresssituation einer Scheidung ihre Kinder vom Vater fernhalten und Frauen, die vergewaltigt worden sind, im Nachhinein nicht verstehen, warum sie sich ihrem Vergewaltiger gegenüber so freundlich verhalten haben.

Wir wollen uns alltägliche Eltern-Kind-Interaktionen anschauen, bei denen Eltern in Stress geraten. Stellen Sie sich zum Beispiel vor, eines Ihrer Kinder ist mit seinem Handy beschäftigt, statt sich für die Schule fertig zu machen, sodass Ihre anderen Kinder auch zu spät zur Schule kommen und Sie zu spät zur Arbeit, oder Ihr pubertierendes Kind kommt mit einer Sechs in einer wichtigen Arbeit nach Hause, weil er oder sie schon wieder nicht wusste, was gelernt werden sollte. Oder nehmen Sie irgendeine andere alltägliche Erziehungssituation, die viel Stress mit sich bringt.

Wo in Ihrem *Körper* spüren Sie diesen Stress? Vielleicht schlägt Ihr Herz schneller, atmen Sie mehr in den Brustraum und oberflächlicher, wird Ihnen heiß oder eher kalt, spüren Sie, dass sich Ihre Muskeln verkrampfen, oder Sie bekommen eine trockene Kehle.

Welche *Emotionen* bemerken Sie? Vielleicht sind Sie nervös oder ängstlich, verärgert oder wütend, enttäuscht oder traurig. Welche *Gedanken* gehen Ihnen in solchen Situationen durch den Kopf? Vielleicht denken Sie, dass Ihr Kind faul, unmotiviert und egozentrisch ist, dass es das tut, um Sie zu ärgern, dass es sitzen bleiben wird, dass es an Ihnen liegt, dass Sie es satt haben, ständig den Karren aus dem Dreck zu ziehen, dass Sie eine schlechte Mutter oder ein schlechter Vater sind.

Welches ist der erste Impuls, der in einer solchen Situation in Ihnen aufkommt? Also nicht, was Sie wirklich getan haben, sondern welchen *Handlungsimpuls* Sie verspürt haben. Vielleicht spüren Sie während des Stresses am Morgen das Verlangen, Ihr Kind am Arm zu packen und in die Schule zu schleifen, ihm das Handy aus der Hand zu reißen, Ihr Kind anzuschreien, Ihrem Kind Schuldgefühle zu machen, weil seine Brüder und Schwestern pünktlich sein wollen, Ihr Kind zu bestechen, damit es mitmacht, oder spüren Sie die Tendenz, alles hinzuschmeißen und entweder ohne Ihr Kind wegzufahren oder sich unter der Decke zu verkriechen. In der Situation mit der schlechten Klassenarbeit haben Sie vielleicht die Tendenz, Ihrem Kind eine Predigt über seine Zukunft zu halten und ihm damit zu drohen, dass Sie nicht ewig für es zahlen werden oder dass es Nachhilfe braucht, Sie wollen sich vielleicht zurückziehen („Schau selbst, wie du klarkommst"), schweigen, Ihr Kind als faul und unmotiviert bezeichnen, öffentlich Ihre Enttäuschung kundtun, Ihr Kind mit seinen Brüdern und Schwestern vergleichen, die sehr wohl gute Noten mit nach Hause bringen.

Blicken wir also durch die evolutionstheoretische Brille auf diese alltäglichen Situationen, in denen wir Erziehungsstress erleben, und betrachten wir unsere Reaktionen hierauf. Stellen Sie sich vor, Ihr Kind rennt auf die Straße und ein großer Lastwagen nähert sich. Eine solche Situation würde dieselbe Stressreaktion im Körper hervorrufen: erhöhter Herzschlag, schnellere Atmung, Schwitzen, höhere Muskelspannung usw., was darauf hinweist, dass das Stresshormon Adrenalin aktiv ist, welches unseren Körper auf Kampf oder Flucht vorbereitet, wenn es eine wirkliche Bedrohung gibt. Wie würden Sie reagieren? Vielleicht würden Sie laut schreien oder Ihr Kind von der Straße ziehen. Die Kampfreaktion, die ohne zwischengeschaltetes Denken stattfindet und hier darin besteht, laut zu schreien oder das Kind von der Straße zu ziehen, hat so den gewünschten Effekt: Ihr Kind überlebt.

Der große Unterschied zwischen einer solchen Stresssituation im Straßenverkehr und dem Morgen- oder Klassenarbeitsstress ist jedoch, dass es bei Letzteren nicht um eine Frage von Leben und Tod geht. Die Trigger sind hier alltägliche Erziehungssituationen, auf die der Körper auf dieselbe Weise mit der Ausschüttung des Stresshormons Adrenalin und den oben beschriebenen körperlichen Reaktionen antwortet wie in lebensbedrohlichen Situationen. Im Gehirn wurde der schnelle Weg eingeschlagen, der präfrontale Kortex übergangen, damit wir kämpfen (zum Beispiel das Kind wegziehen oder schreien) oder flüchten können (zum Beispiel ohne Kind weggehen).

Aber in nicht lebensbedrohlichen Situationen sind diese Handlungsimpulse nicht hilfreich, um ein Ziel zu erreichen (Schreien hat zum Beispiel oft einen gegenteiligen Effekt), sie sind nicht gut für das Eltern-Kind-Verhältnis und haben für das Kind und Sie selbst nachteilige Effekte. Denn wie gut unsere Absichten als Eltern auch sein mögen, so ist es dennoch gut möglich, dass die Situationen, in denen wir die Kontrolle verlieren, unserem Kind Dinge vorwerfen, die uns später leidtun, mit den Türen knallen, unser Kind schlagen, weglaufen oder uns auf irgendeine andere Art und Weise angsteinflößend und unvorhersehbar verhalten, bleibende unbeabsichtigte Auswirkungen auf unser Kind haben und Schäden hervorrufen (dazu mehr in Kapitel 5, Streit und Wiedergutmachung).

Im Unterschied zu anderen Säugetieren können wir bei (elterlichem) Stress nicht nur kämpfen oder flüchten: Wir können denken! Wir grübeln, haken nach, stellen uns Katastrophen vor, dramatisieren, personifizieren und fügen damit unserem Stress noch größeres Leiden hinzu. Tom Borkovec konnte in seinen Untersuchungen nachweisen, dass Stress erstaunlicherweise reduziert wird, wenn wir über unsere negativen Gedanken brüten (immerhin denken wir so über Lösungen und Erklärungen nach, selbst wenn sie lauten: „Ich bin an all dem schuld", „Ich bin eine schlechte Mutter/ein schlechter Vater", „Meine Kinder sind ohne mich besser dran").[43] Aber für dieses negative Denken bezahlen wir einen hohen Preis. Durch diese Grübeleien bleiben wir dem stressauslösenden Ereignis viel länger verhaftet, fühlen wir uns schlecht, schuldig, hilflos, down und verzweifelt und haben so – anders als andere Säugetiere – die verschiedensten stressbezogenen Beschwerden. Meditationslehrer Eckhart Tolle beschreibt diese Kraft des Denkens sehr eindrücklich: Wie wir uns von unseren Gedanken mitschleifen lassen und die Geschichten in unserem Kopf allmählich glauben, wenn wir sie nur oft genug wiederholen. Er schätzt, dass 90 Prozent unseres Denkens überflüssig sind.[44] Dieses negative Denken im Erziehungsprozess wird auch in dem folgenden Zen-Koan illustriert:

ZEN-KOAN FÜR ELTERN

Frage 1:
Was ist das Geräusch des Klatschens einer Hand?
Antwort:
Das Geräusch des Klatschens einer Hand ist das Geräusch des Klatschens einer Hand.

Frage 2:
Was ist das Geräusch eines Kindes, das sich nicht benimmt?
Antwort:
Das Geräusch eines Kindes, das sich nicht benimmt, ist das Geräusch eines Kindes, das sich nicht benimmt.

Frage 3:
Was ist das Geräusch *meines* Kindes, das sich nicht benimmt?
Antwort:
Das Geräusch sagt: „Ich habe mein Kind nicht im Griff", das Geräusch sagt: „Ich sollte es im Griff haben", das Geräusch sagt: „Wir sind schlechte Eltern", das Geräusch sagt: „Ich weiß nicht, was ich tun soll", das Geräusch sagt: „Ich hasse dieses Kind", das Geräusch sagt: „Ich darf dieses Gefühl nicht haben", es ist das Geräusch meines Scheiterns.

COYNE & WILSON[45]

Zusammenfassend lässt sich also sagen: Wir sind evolutionär so ausgestattet, dass wir Gefahren unglaublich schnell wahrnehmen und in Situationen, die Stress auslösen, sowie bei mehrdeutigen Signalen, Interpretationen den Vorzug geben, die Unheil vorhersagen. Dies tun wir verstärkt, wenn es um unsere Kinder geht. Auf diese Weise wird eine Überlebensreaktion ausgelöst, die nicht sinnvoll ist, wenn es sich nicht um lebensbedrohliche

Situationen handelt. Außerdem neigen wir dazu, zu grübeln, um den Stress zu kontrollieren, wodurch wir unser Leiden nur vergrößern. Dies alles geschieht automatisch, wir können es nicht kontrollieren und haben auch keine Schuld daran, aber es belastet unsere Kinder.

Können wir also nichts daran ändern?

Wir können uns diesen Stress bewusst machen. Wenn wir während solcher Stressmomente ganz genau auf unseren Körper hören, können wir lernen, Erziehungsstress zu erkennen, wenn er auftritt. Durch Meditation lernen wir, uns stärker bewusst zu werden, was in unserem Körper abläuft, und wir lernen so, unsere reaktiven Impulse zu erkennen. Während einer Sitzmeditation lernen wir zum Beispiel, ein Jucken ganz genau wahrzunehmen. Dabei nehmen wir auch den Impuls wahr, dieses Gefühl zum Verschwinden bringen zu wollen, indem wir uns kratzen, und entdecken dann, dass das Ergebnis des Kratzens ein noch stärkeres Jucken ist.

Wenn wir in Momenten des Stresses innehalten und beobachten, was in unserem Körper geschieht, verlassen wir den schnellen Weg, den wir automatisch einschlagen, um uns auf Kampf- oder Fluchtsituationen vorzubereiten. Indem wir unseren Stress auf einer Metaebene wahrnehmen, schaffen wir Abstand, Zeit und Raum. Und diese eine Sekunde des Abstands und der Beobachtung kann ausreichen, nicht den schnellen Weg einzuschlagen, sondern unseren präfrontalen Kortex einzuschalten.

Indem wir uns unsere Anspannung und unsere Tendenz, reaktiv zu handeln, die mit der Anspannung einhergeht, bewusst machen, können wir die automatische Reaktion zurückstellen und die Situation mit dem Geist des Anfängers betrachten, sodass wir nicht mehr nur unsere eigene Perspektive im Blick haben, sondern auch die des anderen.

Wir können die Folgen unserer Handlungen überblicken, bevor wir sie ausführen. So schaffen wir Raum und können alternative Möglichkeiten der Reaktion in Betracht ziehen – wir haben die Wahl. Wir antworten, statt zu reagieren. Es kann gut sein, dass Sie sich immer noch dazu entscheiden, Ihr Kind in die Schule zu schleifen oder ihm eine Predigt über seine Zukunft zu halten, aber dann spüren Sie zumindest den Unterschied zwischen pädagogisch wütend sein und automatisch und reaktiv wütend sein, denn bei Letzterem spielen meist persönliche Umstände eine Rolle, die nichts mit dem Kind zu tun haben, wie Müdigkeit oder eigene Ängste und Frustrationen.

Genauso wie es hilfreich ist, auf Momente des Stresses zu achten, hilft auch die regelmäßige Meditation. Unser Stresspegel sinkt und unsere Reaktivität wird reduziert. Wir können das tägliche Meditieren in den Tagesablauf einbetten wie Zähneputzen oder Sport, denn es dient der Pflege unserer Seele. Darum ist es wichtig, dass Sie der Meditation, einer Zeitspanne, in der Sie nichts tun, sondern sind, jeden Tag Zeit einräumen. Die Mühen, die dies mit sich bringt (keine Lust haben, zu müde sein, es langweilig finden, sich Vorwürfe machen, sich schuldig fühlen, die Übungen als nutzlos abwerten, sich einreden, dass man keine Zeit dafür hat), können eine ziemliche Herausforderung sein. Es ist wichtig, sich klar zu machen, dass Sie es nicht angenehm finden müssen, Sie müssen es einfach nur tun. Wir fragen uns ja auch nicht, ob wir es angenehm finden, unsere Zähne zu putzen, oder ob wir dafür Zeit haben, wir machen es einfach. Und genauso, wie wir zu festen Zeitpunkten unsere Zähne putzen, damit wir es nicht vergessen, können wir die Meditation zu festen Zeiten einplanen, um sie in unsere tägliche Struktur einzubinden.

ÜBUNGEN

Sitzmeditation – Geräusche und Gedanken (Audiodatei Nr. 3)

In dieser Sitzmeditation (Audiodatei Nr. 3, circa 10 Minuten) öffnen wir uns für Geräusche: Geräusche im Raum, in unserem Körper und Geräusche von draußen. Es geht darum, die Geräusche mit dem Geist des Anfängers wahrzunehmen, ohne ihnen einen Stempel aufzudrücken wie „Vogel", „Auto", „Waschmaschine", sondern auf den Rhythmus, den Tonfall, die Lautstärke, die Klangfarbe und die räumliche Herkunft des Geräusches zu achten. Daran anschließend richten wir unsere Aufmerksamkeit nicht mehr auf die Geräusche, sondern beobachten unsere Gedanken aus einem Abstand heraus (Bilder, Erinnerungen, innere Dialoge, Pläne). Betrachten Sie dabei die Gedanken als Gedanken und nicht als Wahrheit. Wir spüren die Kraft unseres Denkens, wie uns unser Denken sofort in einen anderen emotionalen Zustand versetzt und wie viel von unserem Denken sinnlos ist und uns von unmittelbarer Erfahrung abhält.

Drei-Minuten-Atemraum (Datei Nr. 4)

Vergewissern Sie sich zweimal am Tag, wie es Ihnen gerade geht. Entweder in den Momenten, in denen Sie sich gerade daran erinnern, oder Sie stellen sich den Wecker auf Ihrem Handy. Schaffen Sie sich Raum zum Atmen. Diese Übung dauert ungefähr 3 Minuten, je eine Minute für jeden der folgenden Schritte. Sie können am Anfang zur Unterstützung Audiodatei Nr. 4 einsetzen (3 Minuten).

1 Einchecken

Nehmen Sie eine Haltung ein, die Ihnen dabei hilft, die Aufmerksamkeit für den gegenwärtigen Moment zu vertiefen. Das ist sowohl im Sitzen, Stehen oder Liegen möglich. Schließen Sie vielleicht die Augen. Richten Sie Ihre Aufmerksamkeit auf Ihre innere Erfahrung. Achten Sie auf Ihre Gedanken, Emotionen und körperlichen Wahrnehmungen und auch darauf, ob Sie den Impuls verspüren, etwas zu tun. Fassen Sie Ihre Wahrnehmungen in Worte. Sagen Sie zum Beispiel in Gedanken: „Da ist

Wut", „Da sind selbstkritische Gedanken", „Da ist Spannung in meinem Kiefer", „Da ist ein Verlangen, aufzustehen".

2 Die Aufmerksamkeit auf den Atem richten

Richten Sie dann Ihre ganze Aufmerksamkeit auf den Atem. Verfolgen Sie jeden Atemzug auf seinem gesamten Weg hinein und auf seinem gesamten Weg hinaus. Sie müssen nichts an Ihrer Atmung verändern, folgen Sie einfach dem sanften Rhythmus ... Atemzug für Atemzug ...

3 Die Aufmerksamkeit erweitern

Erweitern Sie Ihre Aufmerksamkeit auf den ganzen Körper, einschließlich der Gefühle des Unbehagens, der Anspannung oder des Widerstands. Sagen Sie zu sich selbst: „Was es auch sein mag, es ist in Ordnung, ich möchte es spüren."

Werden Sie sich Ihrer Körperhaltung und Ihres Gesichtsausdrucks bewusst. Nehmen Sie diese erweiterte Aufmerksamkeit so gut es geht mit in die nächsten Momente, die Sie an diesem Tag erwarten.

Elterlichen Stress wahrnehmen

Nehmen Sie in dieser Woche genau wahr, wann Sie „elterlichen Stress" empfinden. Achten Sie darauf, wann Sie in Situationen gestresst sind, die mit Ihrem Kind zu tun haben, und beobachten Sie genau, was dabei in Ihrem Körper vor sich geht und welche Handlungsimpulse Sie verspüren. Tun Sie dies mit einer offenen, neugierigen Haltung und beobachten Sie, wann Sie selbstverurteilende Gedanken in Bezug auf den körperlichen Stress und die Handlungsimpulse haben. Vielleicht bemerken Sie auch Ihre Tendenz, den Stress nicht fühlen zu wollen. Beleuchten Sie in dieser Woche mit dem Licht Ihrer Aufmerksamkeit Ihren elterlichen Stress!

Außerdem können Sie sich, wenn Sie möchten, Raum zum Atmen verschaffen und überlegen, was Sie in dieser Situation benötigen oder eine Hand-aufs-Herz-Meditation machen. Sie können auch Ihren Partner oder Ihre Kinder bitten, Ihnen dabei zu helfen, zu erkennen, wann Sie in elterlichen Stress geraten, und wenn Sie von ihnen ein vorher vereinbartes Signal erhalten, können Sie sich kurz zurückziehen, um zu spüren, was in Ihnen vorgeht. Dann können Sie sich vielleicht Raum zum Atmen verschaffen oder sich Notizen zu den folgenden sieben Punkten machen. Hier ein Beispiel:

1. Situation	Mein Sohn schreibt morgen eine Klassenarbeit, weiß aber nicht, was er lernen soll, und traut sich nicht, einen Freund anzurufen
2. Körper	Hitze, Herzklopfen, Schwitzen
3. Emotionen	Angst, Wut
4. Gedanken	So wird er die Schule nie schaffen. Er macht das absichtlich, nur um mich zu ärgern. Womit habe ich das verdient?
5. Handlungsimpulse	Tendenz, wütend darauf zu reagieren, Tendenz, wegzulaufen und die Türe zuzuschlagen, Tendenz, ihn anzuschreien: „Dann mach es doch alleine!“

6. Raum zum Atmen geschaffen oder sich selber Mitgefühl geschenkt?	Raum zum Atmen geschaffen
7. Ergebnis	Ich fühle jetzt auch mit ihm und bin mir meiner Sorgen bewusst.

4 Elterliche Erwartungen – und die wahre Natur des Kindes

Eure Kinder sind nicht eure Kinder.
Sie sind die Söhne und Töchter der Sehnsucht
des Lebens nach sich selber.
Sie kommen durch euch, aber nicht von euch,
Und obwohl sie mit euch sind, gehören sie euch doch nicht.
Ihr dürft ihnen eure Liebe geben, aber nicht eure Gedanken,
Denn sie haben ihre eigenen Gedanken.
Ihr dürft ihren Körpern ein Haus geben, aber nicht ihren Seelen,
Denn ihre Seelen wohnen im Haus von morgen, das ihr
nicht besuchen könnt, nicht einmal in euren Träumen.
Ihr dürft euch bemühen, wie sie zu sein, aber versucht nicht,
sie euch ähnlich zu machen.
Denn das Leben läuft nicht rückwärts, noch verweilt es im Gestern.

KHALIL GIBRAN[46]

(Dieses Gedicht hängt, schon so lange ich denken kann, im Atelier meiner Mutter.)

Unendliche Möglichkeiten

Du kennst den wahren Ursprung deiner Kinder nicht.
Du nennst sie deine Kinder,
aber sie gehören einem größeren Mysterium.
Du kennst den Namen dieses Mysteriums nicht,
und doch ist es die wahre Mutter
und der wahre Vater deiner Kinder.
Bei ihrer Geburt tragen deine Kinder
alle Möglichkeiten in sich.
Es ist nicht deine Aufgabe,
diese Möglichkeiten zu beschränken.
Sage nicht: „Diese Möglichkeit steht dir offen.
Jene andere aber nicht."
Sie werden selbst entdecken,
was möglich ist und was nicht.
Es ist deine Aufgabe, ihnen zu helfen, offen zu bleiben
für die wunderbaren Geheimnisse des Lebens.
Es mag interessant sein, sich zu fragen:
„Welche Beschränkungen habe ich mir selbst auferlegt,
ohne es zu wissen?"
Dein Kind kann nur schwerlich
einen weiteren Horizont haben als du selbst.
Tu noch heute etwas,
das deine vorgefassten Meinungen zurückdrängt.
Und nimm dann dein Kind bei der Hand
und mach ihm auf sanfte Weise Mut, es dir gleichzutun.

THE PARENT'S TAO TE CHING[47]

In der Familie, in der ich aufwuchs, war Leistung sehr wichtig. Meine jüngere Schwester erinnerte mich letztens daran, dass wir Geld für unsere Zeugnisse bekamen, 25 Cent für jede Drei und einen Gulden für jede Zwei. Bei einem Dreierschnitt war man „Vollmilch" und bei einen Zweierschnitt „Sahne". In ihrer Erinnerung war ich die Sahne und sie die Vollmilch. Ich spüre noch immer ihren Schmerz, wenn sie sich daran erinnert, wie es sich anfühlte, so verglichen zu werden. Das Interessante ist, dass ich mich nicht daran erinnere, dass meine Schulleistungen die Bewertung „Sahne" erhielten, sondern nur daran, in welchen Bereichen ich schlechter war, zum Beispiel in Sport.

Mein Bruder, meine Schwestern und meine Eltern waren begeisterte Sportler und beherrschten die verschiedensten Sportarten ausgezeichnet. Sie bekamen Preise, wurden in die Auswahlmannschaften gewählt und besaßen eine große Ausdauer, weil sie lange Schlittschuhtouren machten oder viele Bahnen schwammen. Ich erinnere mich vor allem daran, wie kalt und nass es auf dem Hockeyfeld war, wie viel Angst ich hatte, den Ball nicht richtig zu spielen, von dem schnellen, harten Hockeyball getroffen zu werden, wie unwohl ich mich dabei fühlte, nach dem Spiel mit anderen Mädchen duschen zu müssen. Ich erinnere mich an die Scham, wenn ich beim Tennisturnier gegen meine jüngeren Schwestern verlor, an das Gelächter meiner Schwester, wenn ich beim Schlittschuhlaufen wieder mal stürzte. Ich weiß noch, wie viel Angst ich hatte, bei einer langen Schlittschuhtour nicht mithalten zu können, und wie ich mich fragte, wie ich wieder nach Hause kommen sollte, wenn ich auf halber Strecke nicht mehr konnte, weil meine Technik nicht so gut war wie die der anderen Familienmitglieder. Am liebsten saß ich sicher und warm in der Nähe der Heizung in meinem Dachzimmer, in dem ich Tagebuch schrieb oder zur Musik träumte. Dass dieses Bedürfnis eine eigene Qualität darstellte, dass es eine Suche nach meinem wahren Wesen war, das weiß ich erst heute, beinahe ein halbes Jahrhundert später. Ich kann mich nicht daran erinnern, dass meine Eltern sich dafür interessierten, was ich da oben unter dem Dach machte.

Viele Eltern, die ein Baby bekommen, vor allem, wenn es das erste ist, sind der Meinung, dass es kein perfekteres Wesen auf der Welt gibt. Und weil wir das Baby am Anfang so perfekt finden, ist die Gefahr, dass er oder sie uns später wahnsinnig enttäuscht, ziemlich groß. Brené Brown, Wissenschaftlerin und Autorin von Büchern über Verletzlichkeit, Perfektionismus und Scham,[48] sagt in einem vielbeachteten TED-Talk: Wir sollten unser neugeborenes Baby festhalten und ihm sagen: Du bist ein imperfektes menschliches Wesen, aber du bist es wert, meine bedingungslose Liebe und Aufmerksamkeit zu erhalten.[49]

Wenn das Kind Fähigkeiten entwickelt, wie zum Beispiel Klavier spielen, entstehen in uns Fantasien über seinen ersten Auftritt im Konzertsaal, wenn es gut schreiben kann, sehen wir den Romanautor, wenn es gut denken kann, sehen wir eine Karriere an der Universität voraus, und wenn es begeistert Fußball spielt, den Fußballprofi. Heimlich hoffen wir, dass unser Kind besondere Talente besitzt, und wir meinen, dass diese Talente auch auf uns ausstrahlen („Das hat er von mir", „Dazu habe ich sie angehalten").

Der Schulabschluss, den unser Kind erreicht, die Universität, auf die es geht, die Tore, die es schießt, der Beruf, den es ausübt, wie schön, beliebt, schlau, sportlich, kreativ oder ansonsten talentiert unser Kind ist, wir als Eltern denken, wenn unser Kind Erfolg hat, dann stehen auch wir höher auf der gesellschaftlichen Leiter. Wenn unser Kind dagegen nicht erfolgreich ist, glauben wir, dass auch wir die Leiter herunterfallen. Wenn wir von anderen Eltern hören, wie gut ihre Kinder sind, in der Schule, bei ihren Hobbys, sozial und in der Liebe, ist es schwierig, uns einfach nur am Erfolg dieser Kinder zu freuen und an dem Stolz und der Freude, die ihre Eltern darüber empfinden. Unbewusst vergleichen wir den Erfolg ihrer Kinder mit dem unserer Kinder und fühlen, wie wir ganz klein werden.

Das buddhistischen Konzept von *Anatta*, vom „Nicht-Selbst", das besagt, dass kein unveränderbares, permanentes Selbst oder eine Seele in lebenden Wesen existiert, kann uns in dieser Situation helfen. Ron Siegel erklärt *Anatta* wie folgt:

> Wenn wir diese einfache Methode (Achtsamkeit) lange genug ausüben, werden wir feststellen, dass unsere Vorstellung von einem zusammenhängenden, permanenten Selbst eigentlich ein Trugbild ist, das aus unserem ständigen inneren Gerede gespeist wird, beim dem das „Ich" im Mittelpunkt steht. Angefangen bei alltäglichen Entscheidungen („Ich denke, dass ich heute mal Lachs mit Spinat nehme.") bis hin zu existenziellen Ängsten („Was soll ich machen, wenn es bösartig ist?") füllt dieses Gerede unsere wachen Stunden. Während wir den ganzen Tag darauf hören, fangen wir an zu glauben, dass der Held dieser Geschichten auch existieren muss. Aber wenn wir uns lange und oft genug der Achtsamkeit widmen, löst sich diese konventionelle Vorstellung vom Selbstwert auf. [...] In Wahrheit finden wir diesen kleinen Homunkulus, diesen heldenhaften Menschen in unserem Inneren, dieses stabile und kohärente „Ich", das in unseren Gedanken so oft vorkommt, nie.[50]

Wie würde sich unsere eigene Person in ihrer Rolle als Vater oder Mutter darstellen, wie unsere Erziehung und unsere Familie, wenn wir es aus dem Blickwinkel von *Anatta* betrachten, mit dem Wissen, dass es kein Ich, Mich und Mein gibt? Dass es nicht meine Kinder, sondern Kinder sind, dass es nicht meine Erziehung, sondern Erziehung ist, nicht meine Familie, sondern Familie? Was würde das für die Erwartungen bedeuten, die wir an unsere Kinder haben? Zum Beispiel an die Schulbildung. Inwieweit hängen die Erwartungen an die Schulbildung, die unsere Kinder haben sollten, und an die Abschlüsse, die sie machen sollten, von unserer eigenen Ausbildung ab und von den Erwartungen, die unsere Eltern an uns hatten (und unsere Großeltern an sie)?

Wenn wir begreifen, dass es kein Selbst gibt und dass unsere Kinder nicht uns gehören (auch wenn sie genetisches Material von uns und ihren Großeltern in sich tragen), eröffnet sich die Möglichkeit, dass wir uns nicht mehr so unglaublich wichtig nehmen, uns (und also auch unsere Kinder) nicht mehr ständig mit anderen vergleichen – aufgrund welcher

Maßstäbe auch immer – und uns mit dem beschäftigen, was unsere Kinder wahrnehmen, was sie bewegt und interessiert, was sie neben dem Wunsch, unseren Erwartungen gerecht zu werden, antreibt.

Achtsam erziehen bedeutet, das wahre Wesen unseres Kindes kennenzulernen, anstatt es lediglich als Verlängerung von uns selbst zu betrachten und unsere Erwartungen (sie mögen in Erfüllung gegangen sein oder nicht) auf das Kind zu projizieren, Erwartungen, die wir an uns selbst stellen und die wahrscheinlich ihrerseits die Erwartungen unserer Eltern an uns sind.

Was geschieht, wenn wir Dinge von unserem Kind erwarten? Unser Kind will von uns geliebt werden und wenn es einmal begriffen hat, dass es unsere Aufmerksamkeit und Liebe dann bekommt, wenn es unsere Erwartungen erfüllt, wird es alles dafür tun. Die Schriftstellerin Griet Op de Beeck sagt: Es gibt keine bedingungslose Liebe von Eltern für ihre Kinder. Es gibt nur die bedingungslose Liebe von Kindern ihren Eltern gegenüber.[51] Und weil Kinder uns bedingungslos lieben (und vollkommen von uns abhängig sind), werden sie Dinge tun und entwickeln, um uns zu gefallen und um unseren Erwartungen gerecht zu werden. Das birgt die Gefahr, dass sie sich von ihrem wahren Wesen, ihrer Authentizität entfernen. Um mit Joseph Campbell zu sprechen: Wenn wir jemand anderem folgen, werden wir unser Potenzial nicht ausschöpfen."[52]

Der Lateinlehrer meiner Tochter, René van Royen, sprach mich eines Tages an, weil er mir erzählen wollte, wie er ihr über ihre Versagensangst hinweggeholfen hatte (die meine Tochter selbst übrigens geleugnet hatte). Ich war gespannt. Er sagte: „Null Prozent Übertragung!" Ich verstand es nicht sofort, obwohl „Übertragung" natürlich ein Terminus ist, der mir als Psychotherapeutin bekannt ist: Patienten projizieren Gefühle, Wünsche und Erfahrungen aus ihrer Vergangenheit, die oft im Zusammenhang mit dem Verhältnis zu ihren Eltern stehen, auf den Therapeuten. Von Projektion spricht man zum Beispiel, wenn man versucht, eigene Emotionen oder Eigenschaften zu leugnen, zu verstecken oder zu verdrängen, indem man sie jemand anderem zuschreibt. Auf die Idee, dass auch Lehrer ihre Wünsche auf Schüler projizieren, war ich noch nicht gekommen. Ich muss den Lehrer also einigermaßen verwundert angeschaut haben. Dann erklärte er mir: „Ich habe gelernt, nicht mehr alles Mögliche von ihr zu erwarten, nur weil sie so schlau ist." Ich weiß nicht, ob ihm bewusst war, welche wichtige Lektion er mir in diesem Moment in Bezug auf die Erwartungen erteilte, die ich auf meine Tochter projizierte.

Wir sollten uns der Erwartungen bewusst werden, die wir an unsere Kinder haben, und der Erwartungen, die wir an uns selbst haben und unsere Großeltern an unsere Eltern hatten. Und wir sollten uns bewusst machen, inwieweit uns diese Erwartungen positiv oder negativ beeinflusst haben. Jedes Kind möchte so gesehen werden, wie es wirklich ist. Jedes Kind möchte im Licht stehen. Jedes Kind möchte, dass seine Eltern Freude empfinden, wenn es in ihrer Nähe ist, wenn sie mit ihm in Kontakt sind, genau so wie es ist. Es möchte, dass es nicht anders sein muss, als es wirklich ist. Dass es gut ist, genau so wie es ist. Dass es nicht alles geben muss, um die Liebe seiner Eltern zu erhalten. Diese bedingungslose Akzeptanz suchen wir auch bei unseren Partnern und unsere Partner suchen sie bei uns.

Wenn wir unsere Gedanken beobachten, anstatt uns mit ihnen zu identifizieren, kann die Praxis der Achtsamkeit uns bewusst machen, wie sehr wir mit der Rangordnung in der Gruppe, der wir angehören, beschäftigt sind. Wer ist schlauer, reicher, schöner, beliebter, sportlicher, besser? Wer wohnt im schönsten Haus, kocht am besten, kleidet sich am besten, hat den anziehendsten Partner, das interessanteste Leben, die nettesten Freunde? Und als Eltern: Wessen Kinder benehmen sich in Gesellschaft am besten, sind am schlausten, reichsten, beliebtesten, sportlichsten, schönsten? Das Problem ist, das wir uns – kurzfristig – gut fühlen können, wenn wir in etwas besser sind als andere. Aber wir sollten wissen, dass es immer Bereiche gibt, in denen wir nicht so gut sind wie andere, und es immer Menschen gibt, die in irgendetwas besser sind als wir. Es ist nicht das Ziel, perfekt zu sein, sondern ganz zu sein. Und ganz bedeutet, verschiedene Seiten unserer Person weiterzuentwickeln.

Wenn ein Kind enttäuscht nach Hause kommt, weil es nicht in die Fußballmannschaft gewählt wurde, neigen wir dazu, es aufzumuntern, indem wir sagen: „Aber dafür kannst du besser lernen und du bist ein guter Läufer." Aber eigentlich sollten wir als Eltern unsere Erinnerungen an unser eigenes Scheitern mit ihnen teilen, wie zum Beispiel in meinem Fall: „Ich weiß noch genau, wie ich mich immer gefühlt habe, wenn ich beim Sport als Letzte gewählt wurde, als wir Volleyball gespielt haben. Ich fühlte mich klein und verkehrt und dachte, dass niemand etwas mit mir zu tun haben wollte. Das hat mir sehr wehgetan." Auf diese Weise können Sie mit dem Leid Ihres Kindes in Kontakt treten. Wenn ich fühlen kann, was das Kind, das ich damals war, durchlebte und brauchte, als es in der Sporthalle darauf wartete, gewählt zu werden, dann aber als Letzte übrig blieb, kann ich auch fühlen, was mein Kind heute erlebt und braucht.

Mehr noch: Solange wir den Schmerz, den wir als Kind durchgemacht haben, aus unserem Erleben fernhalten, wird uns die Tendenz, unseren Schmerz fernzuhalten, leiten, wenn unser Kind etwas Schmerzliches erlebt, weil wir ansonsten den Schmerz erneut erleben, den wir als Kind empfunden haben. Als ich damals also zu mir selber sagte: „Ich spiele zwar nicht so gut Volleyball, aber ich bin dafür viel schlauer als ihr", hielt ich meinen eigenen Schmerz darüber, nicht gewählt worden zu sein, von mir fern. Wenn ich nun dasselbe zu meinen Kindern sage, halte ich weiterhin meinen eigenen Schmerz von mir fern und erziehe meine Kinder so nicht dazu, für ihren eigenen Schmerz zu sorgen. Der Teil des Gehirns, der bei der Abwehr von Schmerz aktiv ist, ist derselbe, der beim Empfinden von Schmerz aktiv ist.[53] Abgelehnt zu werden, erzeugt Schmerzen! Es gibt sogar ein wissenschaftliches Experiment zum Thema „Ablehnung", das zeigt, dass Aspirin hilft, den Schmerz bei sozialer Ablehnung zu verringern![54] Das wahre Aspirin gegen den Schmerz bei Ablehnung oder Verlassenwerden heißt allerdings Trost und Unterstützung, um die man einen anderen bitten kann, die man sich aber auch selber geben kann durch Selbstfürsorge.

Bei Erwartungen denken wir häufig an zu hohe Erwartungen. Aber zu niedrige Erwartungen können ein Kind in seiner Entwicklung ebenso behindern. Wenn ein Kind Interesse und Ambitionen hat, zum Beispiel einen höheren Abschluss zu machen, als es in seinem sozialen Umfeld üblich ist, und Eltern verhindern dies, weil sie nicht daran glauben und vielleicht ein wenig Angst davor haben, dann beachten sie das wahre Wesen des Kindes nicht. Auch stereotype Erwartungen können einem Kind schaden. So entwickeln sich Mädchen in einer Familie mit ausschließlich Mädchen weiter als in einer gemischten Familie, weil der Vater dort seine Erwartungen stärker auf die Jungen richtet. Dasselbe gilt für Mädchenschulen: Dort schneiden Mädchen besser ab als auf koedukativen Schulen, weil die Lehrkräfte an koedukativen Schulen höhere Erwartungen an die Jungen haben.

In wissenschaftlichen Experimenten, bei denen dreijährige Kinder kleine Aufgaben erfüllen sollten (einen Ball werfen, ein Puzzle legen), lässt sich zeigen, dass sowohl die Väter als auch die Mütter ihren Söhnen eher positives Feedback geben und den Töchtern eher negatives und das, obwohl die Leistungen von Jungen und Mädchen identisch waren.[55]

Negatives Feedback von den Eltern zog darüber hinaus größere Scham bei den Kindern nach sich, wenn sie die Aufgaben ausführten. Diese Untersuchung zeigt, inwieweit unsere Erwartungen unter anderem von Geschlechterstereotypen und dem sozialen Umfeld beeinflusst werden, und sie zeigt, welche Auswirkungen diese Erwartungen auf unsere Kinder haben.

Zusammengefasst heißt das: Eltern tendieren dazu, die verschiedensten Erwartungen auf ihr Kind zu „projizieren“, die nichts mit dem wahren Wesen des Kindes zu tun haben. Und so behindern sie eine authentische Entwicklung ihres Kindes. Diese Erwartungen haben mit unserer Selbstbezogenheit zu tun und der Tatsache, dass wir unsere Kinder als einen Teil von uns betrachten. Diese Erwartungen haben auch mit nicht in Erfüllung gegangenen Erwartungen zu tun, die wir an uns selbst gestellt haben oder noch stellen und die wir über unsere Kinder noch zu realisieren hoffen. Sie sind auch oft internalisierte Erwartungen, die unsere Eltern an uns hatten, und durch die Kultur sowie durch geschlechtsspezifische Erwartungen beeinflusst. Kinder sind aber souveräne Wesen, die ein Recht auf eine eigene Entwicklung haben. Wir sollten sie nicht durch unsere Erwartungen einschränken, oder um mit Albert Einstein zu sprechen: „Wenn die Menschen nur deshalb gut sind, weil sie sich vor Strafe fürchten und auf Belohnung hoffen, dann sind wir wirklich ein armseliger Haufen."

ÜBUNGEN

Visuelle Meditation

Stellen oder setzen Sie sich vor ein Fenster, um über die Dinge zu meditieren, die Sie sehen. Die Meditation dauert fünf Minuten (stellen Sie sich einen Wecker). Nehmen Sie sich zunächst Zeit, um zu fühlen, wie Ihr Körper steht oder sitzt und wo er in Kontakt mit dem Untergrund ist. Schauen Sie mit dem Geist des Anfängers hinaus, als würden Sie diese Aussicht zum ersten Mal sehen. Schauen Sie, so gut Sie können, ohne zu bewerten, also nicht „Vogel", „Baum", „Auto", sondern Form, hell/dunkel, Farbe, Bewegung. Sie können sich auf Details konzentrieren und dann wieder das Ganze betrachten.

Beobachten Sie, ob Ihre Aufmerksamkeit sich auf bestimmte Dinge richtet, zum Beispiel, weil Sie sie schön finden, und ob Sie andere Dinge ignorieren, vielleicht weil Sie sie nicht schön finden. Lassen Sie so gut wie möglich alle Urteile über schön und hässlich los und üben Sie sich in Gleichmut, indem Sie alles offen wahrnehmen.

Beobachten Sie auch, wie Sie sich während dieser Meditation fühlen. Sie können sich vorstellen, dass Sie eine Katze sind, die auf der Fensterbank liegt und nach draußen schaut. Oder stellen Sie sich vor, dass Sie ein Maler sind oder ein Fotograf oder ein Videokünstler, der diese Aussicht festhalten will. Schreiben Sie, wenn Sie möchten, Ihre Erfahrungen anschließend auf.

Sie können diese Meditation in dieser Woche einige Male wiederholen, zum Beispiel indem Sie das Wohnzimmer fünf Minuten lang mit dem Geist des Anfängers wahrnehmen. Urteilen Sie nicht. Anstatt etwas als „Unordnung" zu betrachten (die aufgeräumt werden muss) oder als „dreckig" (sodass geputzt werden muss). Betrachten Sie Ihr Zimmer, als wollten Sie es malen oder zeichnen (was Sie anschließend auch tun können). Sie können auch fünf Minuten lang einen Blumenstrauß betrachten oder die Aussicht von einer Bank im Park oder in der Stadt.

In voller Aufmerksamkeit mit Ihrem Kind spielen oder etwas anderes tun

Interagieren Sie in dieser Woche jeden Tag fünf Minuten in bewusster, offener Aufmerksamkeit mit Ihrem Kind, wenn Sie mit ihm spielen, sich unterhalten oder etwas zusammen machen (zum Beispiel zusammen im Garten arbeiten oder kochen). Nehmen Sie während dieser Interaktion eine begleitende und nicht führende Haltung ein, nehmen Sie also wahr, was Ihr Kind tut, und schließen Sie sich an, statt selber die Leitung zu übernehmen. Wenn Sie die Tendenz verspüren, die Leitung zu übernehmen, nehmen Sie diese Tendenz wahr und lassen Sie sie wieder los. Denken Sie daran, dass Ihr Handy, Laptop, iPad u.a. während dieser Übung ausgeschaltet sind. Obwohl fünf Minuten kurz sind, kann es sein, dass Ihnen diese Übung lang vorkommt, einfach weil wir heutzutage nicht mehr daran gewöhnt sind, fünf Minuten lang nur mit einer Sache beschäftigt zu sein! Machen Sie sich Notizen zu Ihren Erfahrungen.

Beobachtung des wahren Wesens

Beobachten Sie Ihr Kind in verschiedenen Situationen, in denen es spielt, liest, faulenzt, Sport macht, sich unterhält, Computer spielt. Was interessiert es besonders, worin geht es völlig auf? Woran hat es Spaß? Was treibt es an?

Versuchen Sie vor allem Momente, Aktivitäten und Situationen zu erfassen, denen Sie normalerweise eher wenig Aufmerksamkeit schenken, die Sie nicht sehen wollen, die sich normalerweise außerhalb Ihres Gesichtsfeldes abspielen. Denken Sie dabei an Dinge, gegen die Sie normalerweise eine Aversion haben, wie bestimmte Computerspiele, oder Dinge, bei denen Sie Angst haben, dass Sie sie nicht verstehen, wie Programmieren, oder Dinge, die nicht in Ihre geschlechterspezifische Vorstellung passen, wie Jungen, die sich als Mädchen verkleiden wollen, oder Momente, in denen Sie sich nicht willkommen fühlen oder Angst haben, die Privatsphäre Ihres Kindes zu verletzen, wenn Ihr Kind zum Beispiel mit Freunden zusammen ist oder alleine in seinem Zimmer.

Reflektion über Erwartungen

Welche Erwartungen hatten Ihre Eltern an Sie, soweit Sie das wissen? Schreiben Sie sie auf. Inwieweit haben diese Erwartungen Ihnen geholfen oder Sie daran gehindert, sich zu einer vollständigen Person zu entwickeln?

Welche Erwartungen haben Sie an Ihre Kinder? Schreiben Sie sie auf. Wann empfinden Sie dies als negativ, wann als positiv? Wann helfen diese Erwartungen Ihren Kindern, eine vollständige Person zu werden, wann behindern sie sie in diesem Prozess?

5 Streit und Wiedergutmachung – die Beziehung vertiefen

We repeat what we don't repair
Was wir nicht reparieren, wiederholen wir

CHRISTINE LANGLEY-OBAUGH

Überall, wo Menschen zusammenleben und sich lieben, gibt es Streit. Brüder und Schwestern streiten durchschnittlich einmal pro Stunde, Eltern mit ihren heranwachsenden Kindern durchschnittlich einmal pro Tag. Und wenn wir überlegen, dass 40 Prozent aller Ehen in den Niederlanden in einer Scheidung enden, können wir uns vorstellen, wie häufig Eltern streiten. Es ist ganz logisch, dass Menschen in einer Familie sich streiten, denn jeder hat eigene Ziele, die oft nicht miteinander in Einklang zu bringen sind – und so kracht es eben regelmäßig. Die Schwester möchte morgens so hübsch wie möglich aussehen, wenn sie in der Schule erscheint, und dafür benötigt sie Ruhe und viel Zeit in einem abgeschlossenen Badezimmer. Ihr Bruder dagegen möchte so lange wie möglich schlafen, sich dann so schnell es geht fertig machen, um gerade noch rechtzeitig in die Schule zu kommen – und es gibt eben nur ein

Badezimmer. Also gibt es Streit. Wir Eltern bekommen dann vielleicht nur mit, dass es um so etwas Unbedeutendes wie die Frage geht, ob man die Tür unbedingt abschließen muss oder nicht. Ist das vielleicht der Grund, warum heute in jedem Haus, das etwas auf sich hält, zwei Badezimmer Standard sind, wobei die Anzahl der Menschen, die solch ein Haus bewohnen, viel geringer ist als früher, als wir uns mit einer großen Familie noch ein einfaches Bad teilten?

Ich erinnere mich noch daran, wie meine inzwischen erwachsenen Kinder, als sie noch klein waren, eng beieinander vor unserem winzigen Schwarz-Weiß-Fernseher saßen und sich darüber stritten, wer, was, wann sehen durfte. Später gab es die Fernbedienung – ein Gerät, das ich auch heute noch verwünsche, weil ich es ständig verlege und weil wir noch nicht einmal mehr aufstehen müssen, um einen anderen Sender zu sehen – aber es gibt einfach keine Fernseher mehr ohne –, also stritten sich die Kinder darüber, wer die Fernbedienung haben durfte. Haben deshalb inzwischen so viele Kinder einen eigenen Fernseher im Zimmer? Geht es darum, diesen Streit zu vermeiden?

Letztens wurde ich nach einem gemütlichen Nikolausabend Zeuge eines heftigen Streits zwischen meinen pubertierenden Nichten und unserer gesamten Familie, die inzwischen aus mehr als 25 Menschen besteht: meine Mutter, ihre Brüder und Schwestern mit ihren Partnern und Kindern, von denen inzwischen manche auch schon wieder Partner haben. In dem kleinen Haus im Wald, wo wir gemeinsam übernachteten (es hatte nur ein winziges Bad – war also noch eines von diesen altmodischen Häusern …), hatten beide Nichten eine Steckdose über dem Bett, an denen sie nachts ihr Handy aufluden. Nach der Bescherung war die jüngere Nichte – sie hatte einen Massageapparat für das Gesicht bekommen – vor ihrer älteren Schwester ins Bett gegangen und hatte ihr Handy in die Steckdose über dem Bett ihrer Schwester gesteckt und den taufrischen Massageapparat in ihre eigene Steckdose. Der Streit, der entbrannte, als die ältere Schwester ins Bett ging und das Handy ihrer Schwester aus „ihrer"

Steckdose zog, um ihr eigenes Handy aufzuladen, dauerte ungefähr eine Stunde und die beiden fanden nicht wirklich eine Lösung. Als Tante schlief ich im selben Zimmer und unter der Decke lauschte ich gespannt den verschiedenen Phasen des Konfliktes. Erst wurde ihre Mutter dazu geholt, dann der Vater und lange nachdem die Eltern wieder gegangen waren, stritten die Mädchen immer noch, bis sie vor Müdigkeit einschliefen.

Ich war voller Bewunderung für die Eltern, die beide auf ihre Weise versuchten, die Auseinandersetzung beizulegen. Es war beeindruckend zu sehen, wie sie mit ihrem eigenen Stress umgingen, sich im Beisein der Kinder nicht gegeneinander wandten (hierüber mehr in Kapitel 6 über die Bedeutung des Co-Parenting). Ich fragte mich, ob sich die Eltern ärgerten oder schämten, weil der Anlass für den Streit so belanglos war, weil die Kinder in dem hellhörigen Haus, in dem so viele Menschen schliefen, so laut schrien? Dachten sie darüber nach, dass ihre Kinder verwöhnt waren („All die vielen Geschenke und das ist jetzt der Dank dafür …"), oder beschäftigte es sie, welche Gedanken wir, der Rest der Familie, uns vielleicht machten?

Auch meine Nichten bewunderte ich dafür, wie gut sie ihre Wut und Frustration äußern konnten (ich fragte mich, wie ich mich entwickelt hätte, wenn ich das als Kind gekonnt hätte, diesen Raum gefühlt hätte, keine Angst gehabt hätte, dass meine Wut zu Wut bei meinen Eltern führen könnte, untereinander oder uns gegenüber, dass mein Wutanfall die Familie hätte entzweien können). Und ich war auch ziemlich neidisch, dass sie sich offensichtlich so sicher fühlten in dieser Welt, dass sie ihrem Frust freien Lauf lassen konnten und jeder es hören durfte. Lange Rede kurzer Sinn: Streit ist gesund und das Beste, was wir unseren Kindern bieten können, ist eine Umgebung, in der sie sich sicher fühlen, wenn sie in grundlose Wut ausbrechen. Und darum müssen wir als Eltern an die (Meditations-)Arbeit.

Streit kann sich manchmal wie ein Bruch in der Beziehung anfühlen. Aber jeder Streit ist auch eine Chance, wieder näher aneinander zu rücken, sodass die Beziehung wachsen kann. Ich kenne den Unterschied zwischen pädagogischer Wut und außer Kontrolle geratener Wut – weil ich müde oder angespannt bin oder in einem Muster feststecke – bei mir selber sehr gut. An eine Situation, in der ich einfach ausgerastet bin, erinnere ich mich noch, als wäre es gestern gewesen. Ich war – frisch geschieden – mit meinen beiden Kindern, zwei und fünf Jahre alt, ins Schwimmbad gegangen. Es war ein Schwimmbad nur für Mitglieder, mitten in der Stadt, mitten im Grünen, für das wir jahrelang auf einer Warteliste gestanden hatten und jetzt, nach unserer Scheidung, waren wir endlich aufgenommen worden. Ein Ort, an dem ich immer Freunde und Bekannte von mir oder den Kindern traf. Was war das damals für ein schöner Nachmittag gewesen: Picknick auf dem Rasen, meine Kinder, die mit anderen Kindern spielten, Sand, Sonne und Wasser, wie genoss ich ihre Freude. Wie dankbar und glücklich war ich, dass es das immer noch gab, trotz der Scheidung. Es war, als würde ich wieder zu Kräften kommen, die Zeit schien angesichts dieses Glücks stillzustehen.

Als es Zeit war, nach Hause zu gehen (ich musste noch etwas Wichtiges erledigen, ich weiß nicht mehr, was es war – also war es wohl doch nicht so wichtig ...), tat mein Sohn alles, um noch ein bisschen bleiben zu können: Er wollte sich nicht anziehen, lief weg, versteckte sich. In der Zwischenzeit musste ich meine zweijährige Tochter im Auge behalten, die ständig unterwegs war (ich hatte – genau wie meine Mutter – immer Angst, dass sie ertrinken könnte), und ich wollte mir selber beweisen, dass ich es auch ohne meinen Mann gut hinbekam. Auf die Idee, jemanden zu fragen, ob er kurz auf meine Tochter aufpassen könnte, während ich meinen Sohn holte, kam ich nicht, nein, ich musste es alleine schaffen.

Ich weiß nicht mehr, wie ich es hinbekommen habe, aber schließlich saß ich auf dem Fahrrad, meine Tochter im Fahrradsitz, mein Sohn rechts neben mir auf seinem eigenen Fahrrad. Ich balancierte all die Sachen, die ich an mein Fahrrad gehängt hatte, war erleichtert, dass es mir gelungen war, die beiden gerade noch pünktlich und sicher einzusammeln – und schimpfte immer noch mit meinem Sohn. Plötzlich drehte er um, warf sein Fahrrad ein Stück entfernt an den Straßenrand und rannte weg. Ich stellte mein Fahrrad ab, zog meine Tochter aus ihrem Sitz und rannte mit ihr auf dem Arm hinter meinem Sohn her. Dabei schimpfte ich so heftig mit ihm, wie ich konnte. Als ich ihn endlich eingeholt hatte, weinte er und sah mich an. Dann sagte er: „Mama, wenn du so wütend auf mich bist, dann fühle ich mich, als sei ich nichts wert." Ich verstummte. Welches Geschenk, dass mein Sohn mir so wortgewandt mitteilen konnte, was mein Verhalten bei ihm auslöste. Ich hatte etwas gelernt und nun galt es, etwas wiedergutzumachen.

Jerry M. Lewis zufolge sind Eltern-Kind- und Partnerbeziehungen, neben der Beziehung zwischen Therapeutin und Patientin, die wichtigsten Arten von Beziehungen, in denen die Persönlichkeit eines Menschen sich entfalten kann.[56] Wissenschaftliche Untersuchungen und die klinische Praxis zeigen, dass die Etablierung einer starken emotionalen Bindung zu einem für uns bedeutsamen Gegenüber einerseits und die Wiedergutmachung der unvermeidlichen Störungen in dieser Beziehung andererseits die Entwicklung der Persönlichkeit fördern. Dies gilt sowohl für Kinder als auch für Erwachsene. Wir können uns unser gesamtes Leben lang weiterentwickeln oder, um Vaillant zu zitieren: „Es ist ein Glück, dass wir nie zu alt werden, um diejenigen zu internalisieren, die wir bewundern."[57] Wir entwickeln uns zu erwachsenen Persönlichkeiten, indem wir die Qualitäten, die wir an anderen Personen schätzen, die wichtig für uns sind, „internalisieren". Internalisieren bedeutet in diesem Zusammenhang, dass wir uns Regeln und Verhaltensweisen so weit aneignen, dass wir sie als zu uns gehörig betrachten, und sie so ein Bestandteil der eigenen Identität werden. Die Ausformung einer starken Bindung zu einem für uns bedeutsamen Gegenüber und die Wiederherstellung dieser Beziehung nach einem Bruch ermöglichen diese Internalisierung. Dabei sind sowohl die Störungen selbst als auch die Wiederherstellung der Beziehung nach einem Bruch von entscheidender Bedeutung.

Untersuchungen zum Bindungsverhalten betrachteten bis vor Kurzem vor allem die Sensibilität und die Abgestimmtheit der Mutter in Bezug auf ihr Kind sowie die Synchronisation der Mutter-Kind-Interaktion. Als jedoch die Wissenschaftlerin Zeynep Biringen und ihre Kolleginnen Videos von Mutter-Kind-Interaktionen auf der Mikroebene auswerteten, wurde deutlich, dass nur bei einem Drittel der Mutter-Kind-Interaktionen – die alle paar Sekunden wechselten und an denen sowohl die Mutter als auch das Baby aktiv beteiligt waren – die Mutter angemessen auf den emotionalen Zustand ihres Babys reagierte.[58] Dennoch war die Mutter in der Lage, den Mangel an Abstimmung bei einem weiteren Drittel der Interaktionen wiedergutzumachen, indem sie sich von den Reaktionen ihres Babys auf ihr Verhalten leiten ließ.

Die Wissenschaftler schlossen daraus, dass gerade die Existenz dieser Asynchronität, oder *mismatches*, zwischen Mutter und Baby sowie die Fähigkeit der Mutter, dieses Nichtabgestimmtsein wiedergutzumachen, wenn das Baby protestiert, für die Entwicklung der Bindung zwischen Mutter und Kind verantwortlich sind. Das Baby ist verzweifelt, wenn die Mutter es nicht versteht, und glücklich, wenn die Mutter dies wiedergutmacht. Mit der Wiedergutmachung wächst das Vertrauen des Babys, dass die Mutter ihm Beachtung schenkt und ihm zuhört und dass sie ihr Verhalten anpassen kann. Gleichzeitig wächst das Vertrauen des Babys in sich selbst, in seine Möglichkeiten, Einfluss auf seine Beziehungen zu nehmen. Außerdem folgerten die Wissenschaftler, dass auch die Momente des Nichtabgestimmtseins (denn die gab es ja immer noch bei einem Drittel der Interaktionen) für das Baby wichtig sind, um die Fähigkeit zu entwickeln, alleine sein und sich selbst trösten zu können.

Nicht nur in der frühen Mutter-Kind-Beziehung, sondern auch in der späteren Eltern-Kind-Beziehung ist das Entstehen von Brüchen und die Wiederherstellung dieser Beziehung von Bedeutung. Guy Diamond und sein Team befassten sich mit den Auswirkungen von schwerwiegenden Brüchen zwischen Eltern und Jugendlichen in der Folge von Traumata oder Trennungssituationen, die nicht bearbeitet worden waren.[59] Diese Form von Brüchen zerstört die Bindung zwischen Eltern und Kind und kann dazu führen, dass das Kind emotionale Probleme alleine verarbeiten muss und sich nicht mehr an seine Eltern wendet. In den schwerwiegendsten Fällen, und darum ging es in der Untersuchung von Diamonds Team, wird die oder der Jugendliche suizidal und begeht manchmal sogar wirklich Selbstmord.

Diamond entwickelte eine Intervention, die „Attachment-Based Family Therapy", um Eltern und Jugendlichen zu helfen, solche schwerwiegenden Brüche zu überwinden. Die zentrale Frage an den Jugendlichen war: Was hat dich daran gehindert, mit deinen Eltern zu sprechen, als du so verzweifelt warst, dass du dein Leben beenden wolltest? Diese Intervention erwies sich als außerordentlich hilfreich, depressive Symptome und suizidale Tendenzen beim Jugendlichen zu verringern. Eltern denken oft, dass die wichtigste Arbeit getan ist, wenn die Beziehung zwischen Eltern und Jugendlichen weniger wichtig wird. Nichts ist weniger wahr. Gerade in der Pubertät, wenn der oder die Jugendliche sich gegen die Eltern zur Wehr setzt und immer autonomer wird, ist eine sichere Bindung zu den Eltern (besonders zum Vater)[60] und somit auch die Wiederherstellung der Beziehung nach einem Bruch entscheidend, denn die sichere Basis gibt dem Kind das Vertrauen, die Welt entdecken und Fehler machen zu können, in dem Wissen, dass es immer zu der sicheren Ausgangsbeziehung zurückkehren kann.

Bei Untersuchungen zu Partnerbeziehungen zeigen sich vergleichbare Resultate wie in den Untersuchungen zur Eltern-Kind-Beziehung. Die Teams um John Gottman haben eine Serie von Studien zu Partnerbeziehungen durchgeführt, die zeigen, dass der physiologische Stress (Herzschlag) bei beiden Partnern ansteigt, wenn sie sich in einer Auseinandersetzung befinden, und wieder sinkt, wenn der Konflikt beigelegt wird.[61] Anders als wir vielleicht denken, ist der physiologische Stress bei Männern während eines Ehestreits noch ausgeprägter als bei Frauen.

Männer machen vielleicht den Eindruck, weniger von einem solchen Konflikt betroffen zu sein, aber ihr Herzschlag spricht eine andere Sprache.

Die Untersuchungen des Teams von Janice Kiecolt-Glaser erbrachten denselben Befund, allerdings mit Bezug auf das endokrine (hormonelle) System sowie auf das Immunsystem: Werden Konflikte nicht beigelegt, verschlechtert sich die Funktion dieser Systeme, was nachteilig für unsere Gesundheit ist, während das Beilegen des Streits zu einer verbesserten Funktion dieser Systeme führt.[62] Konflikte zwischen Partnern, die nicht beigelegt werden, haben die unterschiedlichsten negativen Auswirkungen auf Kinder, die diese Auseinandersetzungen mitbekommen (und die Kinder spüren sie häufig auch dann, wenn die Eltern glauben, sie hätten nichts davon gemerkt!), so jedenfalls zeigen es die Untersuchungen von Mark Cummings und seinem Team.[63] Auf jeden Fall wird deutlich, dass den negativen Auswirkungen auf die Kinder entgegengewirkt werden kann, wenn Konflikte beigelegt und den Kindern erklärt wird, wie der Konflikt beigelegt wurde (oder werden wird).

Sowohl Untersuchungen zu frühen und späten Eltern-Kind-Beziehungen als auch zu Partnerbeziehungen zeigen die Bedeutung von Brüchen und deren Wiederherstellung nach einem Streit.

Als Eltern neigen wir dazu, eine Auseinandersetzung nicht weiter zu thematisieren, vor allem, wenn wir unsere Kinder nach einem Streit wieder fröhlich herumlaufen sehen. Wir denken und hoffen, dass sie das alles schnell vergessen werden. Wir glauben, wenn wir nicht mehr darüber reden, findet der Streit seinen Weg nicht ins Langzeitgedächtnis unserer Kinder. Das allerdings ist nicht wahr. Kinder sind Meister im Wegstecken und Weitermachen, aber das bedeutet nicht, dass der Konflikt in ihrem System keine Rolle mehr spielt. Es schadet unseren Kindern, wenn wir sie ungerechtfertigter Weise anschreien und dies nicht wiedergutmachen.

Es gibt noch einen weiteren Grund, warum wir zu einem späteren Zeitpunkt nicht mehr über Auseinandersetzungen sprechen möchten. Wir fühlen uns oft schuldig und schlecht, weil wir uns so gehen ließen.

Die Tatsache anzuerkennen, dass es unsere Schuld ist, wenn wir unsere Kinder ungerechtfertigter Weise angeschrien haben, ist aber ein wichtiger erster Schritt im Prozess der Wiedergutmachung. Wenn wir den Mut haben, uns unseren Fehlern zu stellen, um uns anschließend darüber klar zu werden, dass alle Eltern Fehler machen, isolieren wir uns nicht mehr und können den Kontakt zu unserem Kind wiederherstellen. Genau diesen Kontakt zu all den anderen Eltern, die manchmal die Kontrolle verlieren, stellt der Schriftsteller Karl Ove Knausgård her, wenn er so offen und detailliert von den überreaktiven Momenten als Erziehender berichtet.

Wenn Eltern ohne Grund wütend werden oder sich vergaloppieren, ist oft Stress die Ursache: ein Konflikt an der Arbeit oder mit dem Partner, eine schlechte Nacht, Stress, weil ein Projekt fertig werden muss, weil man in Eile ist, weil man sich Sorgen um sein Kind macht, oder weil man sich über etwas erschreckt hat, was das Kind getan hat, oder über etwas, was in der Umgebung geschehen ist, Stress, weil der Lehrer einem mitgeteilt hat, dass es in der Klasse Probleme mit dem Kind gibt. Die ungerechtfertigte Reaktion kann auch eine Folge von eingeschliffenen Eltern-Kind-Mustern sein: Wenn man bereits eine Reihe von derartigen Auseinandersetzungen mit dem Kind durchlebt hat, kann es leicht passieren, dass man immer wieder dieselbe Reaktion an den Tag legt, genau wie das Kind – als wäre es die soundsovielte Aufführung eines Theaterstücks, in dem beide ihren Text genau kennen!

Auf einer tieferen Ebene kann die ungerechtfertigte Reaktion auch mit der eigenen Erziehung zusammenhängen oder mit alten Traumata, die man durchlebt hat.

So sprach ein Vater in einer Mindful-Parenting-Gruppe, die ich leitete, darüber, wie er aus der Haut fahren konnte, wenn sein Kind sich in der Schule nicht benahm, und wie er es dann schlug. Nachdem wir den Vorfall in aller Ruhe analysiert hatten, wurde ihm klar, dass sein Verhalten im Zusammenhang mit seiner Vergangenheit auf einem Internat stand, auf dem er seine gesamte Jugend verbracht hatte, getrennt von seinen

Eltern, Brüdern und Schwestern. Auf diesem Internat wurde er physisch streng bestraft, wenn er aus Sicht der Lehrkräfte – professioneller Erzieher – gegen eine Regel verstoßen hatte. Da er sehr impulsiv war, geschah dies recht häufig. Aus der Angst heraus, dass seinem Sohn, der genauso impulsiv wie sein Vater war, etwas Ähnliches geschehen könnte, wenn er auf der Schule gegen eine Regel verstoßen würde, wiederholte der Vater, was ihn selbst als Kind so verletzt hatte.

Wenn wir eine Auseinandersetzung haben, sei es mit unserem Kind, Partner, ehemaligen Partner, Chef oder der Verkäuferin in einem Geschäft, passiert in unserem Körper eine ganze Menge: erhöhter Herzschlag, schnellere Atmung, angespannte Muskulatur, erröten oder schwitzen. Alles Anzeichen von Stress, bei dem das Hormon Adrenalin freigesetzt wird. Wie wir in Kapitel 1 gesehen haben, ermöglicht uns der Stress, eine Abkürzung in unserem Gehirn zu nehmen, um blitzschnell kämpfen (oder flüchten) zu können – eine Überlebensstrategie, die nützlich ist, wenn wirklich Gefahr im Verzug ist. Diese Überlebensreaktion geht einher mit einer verengten Wahrnehmung, dem Tunnelblick, und daraus resultierend einem unglaublich schnellen Urteilsvermögen und Verhalten.

Dieses hohe Tempo verhindert allerdings, dass wir eine Situation sorgfältig und aus verschiedenen Blickwinkeln heraus betrachten.

Eines Tages überraschte ich einen Einbrecher in meinem Haus – am helllichten Tag. Ich arbeitete vorne im Haus, blickte auf und sah dort einen Mann stehen, der mich ansah. Ich sprang auf, schrie laut, während er sich durch die Hintertür davonmachte und ich hinter ihm her in den Garten rannte. Er sprang über den Gartenzaun und verschwand. Ich hatte keinen Moment darüber nachgedacht, was wohl die beste Reaktion wäre. Mein Körper handelte, ohne das Denken einzuschalten. Hinterher konnte ich es kaum fassen, wie laut ich schreien und wie schnell ich rennen konnte. Bei einem Konflikt mit unseren Kindern handelt es sich allerdings selten um eine lebensgefährliche Situation. Dennoch macht unser Körper, durch den in dieser Stresssituation Adrenalin gepumpt wird, uns glauben, es wäre so.

Neben dem Stress und der dazugehörigen Kampf- oder Fluchtreaktion gibt es noch etwas anderes, was uns im Weg steht, wenn es darum geht, einen Streit beizulegen, und das ist unser Ego! Wenn dies der Fall ist, kann es hilfreich sein, sich das buddhistische Prinzip von *Anatta*, dem Nicht-Selbst, zu vergegenwärtigen, der Idee, dass das Selbst nicht existiert.

Was macht es so schwierig, einen Streit dadurch beizulegen, dass man sich für das eigene Verhalten entschuldigt? Es ist unser Ego, das hier protestiert. Denn wir müssten ja akzeptieren, dass wir einen Fehler gemacht haben, und wir hängen sehr an unserem perfekten Selbstbild. Wir wollen perfekte Eltern sein, und wir reden uns selber ein, dass wir das sind. Und wenn wir dann uns selber und unserem Kind gegenüber zugeben, dass wir falsch gehandelt haben, stimmt dieses Bild plötzlich nicht mehr. Wie befreiend ist da das Konzept des Nicht-Selbst. Wenn wir uns vor Augen halten, dass all die Geschichten, die wir uns darüber erzählen, welche Eltern (Partner, Arbeitnehmer, Freunde etc.) wir sind, nichts weiter als unsere Geschichten sind, unsere Konstruktionen. Wie viel einfacher wäre es, einen Streit beizulegen, wenn wir davon ausgehen, dass das Selbst nur in unserem Kopf existiert?

Außer unserem Stress und unserem Ego steht uns häufig unsere Elternrolle im Weg, wenn es darum geht, einen Streit beizulegen. Wörtlich bedeutet „Eltern“: Ältere, Weisere. Wir denken, dass wir klüger und weiser als unsere Kinder sein müssen, aber unsere Weisheit zeigt sich doch gerade dadurch, dass wir zugeben können, dass wir nicht weise gehandelt haben. Vielleicht fürchten wir um unsere Autorität, unseren elterlichen Respekt. Aber Autorität, Respekt, Herrschaft sind Dinge, die wir uns verdienen müssen.

Meine Tochter erzählte mir davon, wie ihr Lehrer Mathijs van Zutphen von der soziokratischen Schule ihr etwas Wichtiges beibrachte. Die Kinder hatten zusammen Holz für ein Lagerfeuer gesammelt und dabei nicht bemerkt, dass ein Teil des Holzes zu einer „Hütte“ gehörte, die die jüngsten Kinder am Vortag gebaut hatten, denn die Hütte hatte nur noch aus einzelnen Zweigen bestanden. Eines der jüngeren Kinder wurde schrecklich wütend, als es sah, was mit seiner „Hütte" geschehen war. Der Lehrer kam dazu, hörte dem Kind genau zu und besprach mit den jüngeren Kindern, wie sie die Hütte wieder aufbauen konnten. Und dann sagte er zu ihnen: „Wenn man Respekt erwartet, muss man auch respektvoll sein."

Wenn wir einen Streit mit unserem Kind beilegen, meinen wir, unser Kind gleichzeitig erziehen zu müssen: „Mama oder Papa hat zu heftig reagiert, aber du …" Das Wichtigste, was wir unserem Kind beibringen können, ist jedoch genau das, was hier gerade besprochen wurde: Dass wir die Situation erst aus verschiedenen Blickwinkeln betrachten können, wenn wir uns beruhigt haben, dass niemand perfekt ist und dass wir alle Fehler machen, auch Papas und Mamas, und dass wir uns dann ernsthaft und von Herzen entschuldigen können. Und wenn unsere Kinder erleben, dass wir genau das tun, lernen sie am Vorbild, wie sie genau dies auch in ihrem Leben tun können. Gerade weil wir so wichtig für unsere Kinder sind, ist unsere Beziehung zu ihnen ein wichtiges Arbeitsmodell für ihre Beziehung zu anderen. Wenn es uns schon nicht gelingt, uns für unsere Fehler zu entschuldigen, wie können wir dann von ihnen erwarten, dass sie es lernen?

Die Wiederherstellung der Beziehung nach einem Bruch setzt Verständnis für die Gefühle und Wünsche des anderen voraus. Gemeint ist hiermit die Fähigkeit, die Dinge aus der Perspektive der anderen Person zu sehen und mit ihr mitzufühlen. Eine Perspektive einnehmen, bedeutet, eine Situation vom Standpunkt des anderen aus verstehen zu können, die Fähigkeit, sich vorstellen zu können, was andere Menschen denken, fühlen oder wollen. Es ist eine Fähigkeit, die Kinder während ihrer Entwicklung in der Interaktion mit anderen lernen. Die Fähigkeit, eine andere Perspektive einnehmen zu können, entwickelt sich übrigens bis ins junge Erwachsenenalter hinein, das zeigt die experimentelle Forschung des Londoner Teams um Peter Fonagy.[64] Somit ist auch die Adoleszenz ein wichtiger Entwicklungszeitraum, in dem gelernt werden kann, eine andere Perspektive einzunehmen. Eltern, denen es gelingt, die Welt aus der Perspektive des Kindes zu sehen, und die ein Gefühl für dessen Bedürfnisse haben, bringen auch ihren Kindern bei, sich in den Standpunkt eines anderen hineinzuversetzen und ein Gefühl für die Bedürfnisse dieses anderen zu entwickeln.

Um eine andere Perspektive einnehmen zu können, braucht man Zeit. Dieser Prozess ist langsamer, er nimmt den längeren Weg im Gehirn in Anspruch. Vor allem die Frontallappen des Gehirns sind aktiv, wenn wir uns in die Situation eines anderen hineinversetzen, die Situation von verschiedenen Blickwinkeln aus betrachten und die Folgen unseres Verhaltens abschätzen.

Das Hormon Oxytocin, auch das Schmuse- oder Bindungshormon genannt, ermöglicht es uns, Empathie und Mitgefühl zu erleben, Kontakt zum anderen herzustellen, die Perspektive eines anderen einzunehmen. Oxytocin wird freigesetzt, wenn wir Tiere streicheln, uns anfassen, schmusen, lächeln, gerührt sind, stillen, getröstet werden, Sex haben, aber auch wenn wir meditieren. Wenn also das Adrenalin dafür sorgt, dass wir uns vom anderen abkehren und uns auf unser eigenes, schnelles und häufig durch unser Ego verzerrtes Urteil verlassen, sorgt das Oxytocin dafür, das wir uns dem anderen zuwenden und uns der Perspektive des anderen öffnen.[65]

Wenn wir uns also aus einem Konflikt zurückziehen, uns eine Pause gönnen, in der wir uns den Stress in unserem Körper bewusst machen, zu uns selber sagen: „Es ist in Ordnung, ich möchte es spüren!“ und uns selber Mitgefühl schenken, sorgen wir für den Abstand und den Raum, den wir benötigen, um die Situation von verschiedenen Blickwinkeln aus zu beurteilen und unsere Perspektive und die Perspektive des anderen gleichzeitig sehen zu können. Erst dann können wir unser eigenes Verhalten reflektieren, uns entschuldigen und einen Konflikt klären. Karl Ove Knausgård beschreibt einen solchen Moment, in dem er als Vater die Kontrolle verliert und den Abstand, der nötig ist, um die Situation mit anderen Augen betrachten zu können:

Während ich dies schreibe, denke ich voller Zärtlichkeit an sie [Heidi, 2 Jahre]. Aber das ist auf dem Papier. Im realen Leben, wenn es wirklich drauf ankommt und sie so frühmorgens vor mir steht, wenn die Straßen draußen still sind und im Haus kein Mucks zu hören ist, freudig strahlend, weil sie einen neuen Tag in Angriff nimmt, und ich mit einer Willensanstrengung auf die Beine komme, in die Kleider vom Vortag schlüpfe und ihr in die Küche folge, wo sie diese vermaledeite Sauermilch mit Blaubeergeschmack und das zuckerfreie Müsli erwarten, empfinde ich keine Zärtlichkeit, und wenn sie dann meine Geduld überstrapaziert, zum Beispiel, indem sie immer weiter um einen Film bettelt oder versucht, in das Zimmer zu kommen, in dem John schläft, kurzum jedes Mal, wenn sie ein Nein nicht als Nein akzeptiert, sondern es immer wieder aufs Neue versucht, endet es nicht selten damit, dass meine Gereiztheit sich zur Wut steigert, und wenn ich dann laut werde und sie in Tränen ausbricht und den Kopf senkt und sich mit hängenden Schultern wegdreht, denke ich, dass es ihr recht geschieht. Denn die Einsicht, dass sie erst zwei ist, stellt sich erst abends ein, wenn die Kinder schlafen und ich darüber nachdenke, was ich hier eigentlich mache. Doch in dem Moment bin ich außerhalb des Ganzen. Innerhalb habe ich dazu keine Chance.[66]

Laufmeditation (Audiodatei Nr. 5)

Der (gesunde) Brauch, mit demjenigen, mit dem man sich gestritten hat, kurz um den Block zu gehen, ist uralt. Die Laufmeditation ist eine Meditation, die Sie eigentlich jederzeit durchführen können: hinter dem Kinderwagen, auf dem Weg zum Kopierer auf der Arbeit, auf dem Weg zum Supermarkt um die Ecke, als Spaziergang durch den Park, aber eben auch nach einem Streit, einer anderen anstrengenden Interaktion oder einem Problem, mit dem Sie sich auseinandersetzen müssen.

Wichtig bei einer Laufmeditation ist, dass Sie Ihre Aufmerksamkeit nicht auf das Ziel richten (den Supermarkt, den Drucker, die Lösung des Konflikts), sondern auf das Laufen selbst. Der wunderbare Titel von Jon Kabat-Zinns Buch „Wherever you go, there you are" („Wo immer Du hingehst, da bist du")[67] verdeutlicht dieses Prinzip. Sie „sind" bei jedem Schritt. Es ist hilfreich, hierbei im Kreis zu gehen – so gibt es kein Ziel, keinen Endpunkt. Aber auch, wenn Sie auf einer Strecke mit einem Anfangs- und einem Endpunkt hin und her laufen, zum Beispiel zu Hause auf dem Flur, können Sie sich auf das bewusste Wahrnehmen eines jeden einzelnen Schritts, in dem Moment, in dem Sie ihn machen, konzentrieren. So können Sie auch den Moment, an dem Sie umkehren, bewusst erfahren.

Eine Laufmeditation können Sie drinnen und draußen durchführen. Zu Beginn sollten Sie am besten drinnen üben, man ist dort weniger abgelenkt von all den Dingen, die man draußen hören, sehen, fühlen und riechen kann. Am Anfang kann hierbei die Audiodatei Nr. 5 (10 Minuten) unterstützend eingesetzt werden, sodass Sie nicht nachdenken müssen, sondern einfach der Stimme lauschen können. Bei einer Laufmeditation im Freien nehmen Sie sich zunächst eine Strecke von ca. zehn Metern vor. Sie können den Anfang und das Ende der Strecke markieren, zum Beispiel mit einem Stock. Zwischen diesen beiden Punkten laufen Sie hin und her. Konzentrieren Sie sich in den ersten Minuten darauf, jeden Schritt in Ihrem Körper und unter den Fußsohlen bewusst zu spüren. Wenn Sie bereits etwas Übung haben, können Sie die Wahrnehmung der einzelnen Schritte auf Ihre Umgebung ausdehnen. Nehmen Sie kurz wahr, wenn Sie von etwas abgelenkt werden, dann laufen Sie weiter.

Eine Laufmeditation kann kürzer oder länger sein. Während eines Retreats dauern solche Laufmeditationen normalerweise 45 Minuten. Sie können sich also vorstellen, wie oft man dort auf demselben Weg hin und zurück läuft! Sie können solche Laufmeditationen natürlich auch während längerer Wanderungen machen, das Wesentliche dabei aber bleibt, dass Sie ohne Ziel laufen, dass es nicht um das Ziel geht, sondern um den Weg.

Einen Konflikt in der Vorstellung beilegen

Setzen Sie sich bequem hin, auf ein Meditationskissen, eine Meditationsbank oder einen Stuhl, und richten Sie Ihre Aufmerksamkeit darauf, wie sich Ihr Körper in dieser Haltung anfühlt. Fühlen Sie, wo Ihr Körper mit dem Stuhl, dem Kissen, der Bank oder dem Boden Kontakt hat. Nehmen Sie einige Atemzüge mit Ihrer vollen Aufmerksamkeit wahr.

Wenn Sie so weit sind, lassen Sie eine Situation in sich aufsteigen, in der Sie sehr wütend auf Ihr Kind waren (oder auf Ihren [ehemaligen] Partner oder jemand anderen, der Ihnen nahesteht), eine Situation, in der Sie unzufrieden mit Ihrem eigenen Verhalten waren, weil Sie zum Beispiel der Meinung sind, dass Sie zu wütend wurden. Stellen Sie sich die Situation vor, so gut Sie können, so als würden Sie sie gerade erleben. Wo waren Sie? Mit wem waren Sie dort? Was taten oder sagten Sie? Was taten oder sagten die anderen – oder der andere? Was fühlten Sie?

Was spürten Sie in Ihrem Körper? Welche Gedanken gingen Ihnen durch den Kopf? Was wollten Sie tun?

Sobald Sie ein lebendiges Bild von diesem Konflikt erzeugt haben, richten Sie Ihre Aufmerksamkeit wieder auf den gegenwärtigen Moment, auf das Sitzen. Was spüren Sie jetzt in Ihrem Körper, welche Emotionen nehmen Sie wahr, welche Gedanken gehen Ihnen durch den Kopf, was würden Sie gerne tun? Können Sie Mitgefühl mit dem Zustand empfinden, in dem Sie sich gerade befinden? Was auch immer Sie gerade fühlen, sagen Sie sich: „Es ist in Ordnung, ich möchte es spüren ..." Heißen Sie jede Emotion, die in Ihnen aufkommt, willkommen, ob es nun Angst, Trauer, Wut oder Schmerz ist.

Richten Sie Ihre Aufmerksamkeit anschließend auf Ihren Atem, auf die Bewegung des Atemflusses in Ihrem Körper ... nehmen Sie mindestens drei Atemzüge mit Ihrem vollen Bewusstsein wahr ... erweitern Sie Ihr Bewusstsein, bis es Ihren ganzen Körper umfasst, so, wie Sie hier sitzen ... mit Ihrem atmenden Körper.

Schenken Sie sich selbst das Mitgefühl, das Sie gerade brauchen. Sie können Ihre Hände auf die Herzgegend legen oder sich selber umarmen. Sie können sich zum Beispiel sagen: „Das ist ein Moment des Leidens. Ich stehe in Kontakt mit allen anderen Menschen, die sich in einem Konflikt befinden und leiden. Ich möchte freundlich zu mir selber sein."

Richten Sie Ihre Aufmerksamkeit, wenn Sie dazu bereit sind und so gut es Ihnen möglich ist, auf denjenigen mit dem Sie sich im Konflikt befinden: Ihr Kind, Ihren Partner oder eine andere Person. Wie fühlt der andere sich? Welche Gedanken wird sich der andere machen? Was wünscht er sich? Können Sie sich zugestehen zu fühlen, was Sie fühlen ... und können Sie auch dem anderen seine Gefühle zugestehen? Können Sie nicht nur sich zugestehen, dass Sie sich so fühlen, wie Sie sich gerade fühlen, sondern auch dem anderen, dass er fühlt, was er fühlt, dass er wütend ist ... traurig ... verletzt ... ängstlich ...? Können Sie ihm sagen, dass es in Ordnung ist, was er/sie fühlt ...? Können Sie ihre/seine

Perspektive verstehen? Können Sie Mitgefühl für den Zustand aufbringen, in dem der andere sich gerade befindet?

Was möchten Sie dem anderen angesichts dessen, was Sie jetzt verstehen, sagen? Können Sie Ihren Stolz überwinden und sich von Herzen für das entschuldigen, was Sie verkehrt gemacht haben? Und zwar ohne ... „aber du ...“?

Entschuldigen Sie sich in Ihrer Vorstellung und machen Sie sich bewusst, wie sich das für Sie anfühlt ... Vielleicht fühlen Sie sich verwundbar ... und wie fühlt sich wohl der andere?

Einen Konflikt praktisch beilegen

Legen Sie einen Konflikt bei, den Sie mit Ihrem Kind, Ihrem Partner oder jemand anderem in Ihrer näheren Umgebung haben. Vor allem, wenn es sich um einen Konflikt handelt, bei dem Sie sich über Ihr eigenes Verhalten geärgert haben. Nehmen Sie sich nach einem Konflikt Zeit, sich erst selbst zu erholen und Ihren Stress abzubauen. Hierbei kann Ihnen eine Laufmeditation helfen oder Sie schenken sich selbst Mitgefühl (Kapitel 2). Es hat keinen Sinn, den Konflikt beizulegen, wenn Sie noch wütend oder angespannt sind, manchmal reichen schon 3 Minuten Meditation, aber es können auch 30 Minuten, 3 Stunden, 3 Tage oder 3 Wochen sein. Manchmal dauert es auch 3 Jahre, bis jemand bereit ist, einen Konflikt noch einmal neu zu betrachten!

Üben Sie das Beilegen des Konflikts erst in der Vorstellung, wenn es Ihnen hilft (siehe oben), und achten Sie darauf, dass Sie nicht „aber du ...“ sagen. Lassen Sie jede Erwartung an ein Ziel los, es geht darum zu üben, sich zu entschuldigen, darum, den Stolz loszulassen, darum, zu akzeptieren, dass Sie ein Mensch sind genau wie jeder andere, ein Mensch, der Fehler macht und anderen Schmerzen zufügt. Denken Sie daran, wie wichtig das Beilegen des Konflikts für die Entwicklung der

Beziehung zu demjenigen ist, mit dem Sie den Konflikt hatten. Denken Sie daran, dass Sie Ihrem Kind ein Vorbild sind, wenn Sie dazu fähig sind, sich zu entschuldigen. Denken Sie daran, wie die Persönlichkeit Ihres Kindes wachsen kann, wenn es erfahren darf, dass die Beziehung wiederhergestellt wird. Machen Sie sich Notizen zu Ihren Erfahrungen, halten Sie sie in Ihrem Notizbuch fest – vor allem wenn es darum geht, wie Sie sich fühlen.

Wenn Sie noch nicht so weit sind, sich entschuldigen zu können, notieren Sie, was es für Sie so schwierig macht, und schenken Sie sich selber Mitgefühl.

6 Gemeinsam Eltern sein – in guten wie in schlechten Zeiten

Die Kernfamilie ist sehr klein. Sie lässt zu wenig Luft zum Atmen. Wenn es Probleme zwischen Vater und Mutter gibt, weiß das Kind nicht wohin. Das ist eine Schwäche unserer Zeit. Eine Gemeinschaft, in der Menschen zusammenkommen können wie Brüder und Schwestern im Dharma und wo Kinder ein paar Onkel und Tanten haben, das ist eine wunderbare Sache.

THICH NHAT HANH[68]

Thich Nhat Hanh weist hier auf einen großen Nachteil der heutigen Kernfamilie hin: Wenn die Eltern Probleme haben, gibt es für die Kinder kein Entkommen. Dies führt er in seinem Vortrag, dem dieses Zitat entnommen ist, über die Gemeinschaft als Familie und die Erziehung als Dharma-Tor, weiter aus: „Beide Partner müssen sich als Gärtner, als Eltern des anderen sehen." Wenn Partner sich gegenseitig helfen und respektieren, dann errichten sie ein sicheres Nest für ihre Kinder. Denn wenn sie wissen, dass die Eltern füreinander sorgen, dann müssen die Kinder diese schwere Aufgabe nicht selber übernehmen. Wenn Kinder merken, dass Eltern sich gegenseitig respektieren, lernen sie, ihre Eltern und auch sich selbst zu respektieren. Wenn Kinder spüren, dass ihre Eltern sich unterstützen, dann können sie sich in dem Vertrauen abgrenzen, dass ein Elternteil das andere unterstützen wird, wenn es Schwierigkeiten mit dem Kind hat.

Der Begriff „Co-Parenting" wird meist mit einer Familiensituation assoziiert, in der die Eltern bei der Erziehung der Kinder zusammenarbeiten, obwohl sie getrennt leben. Co-Parenting bedeutet aber ganz allgemein, als Eltern im Team zu arbeiten, sich als Eltern in der Anwesenheit des Kindes explizit zu unterstützen und sich gegenseitig nicht im Stich zu lassen, wenn das Kind anwesend ist.[69] So fühlt sich das Kind sicher, da es ein Team gibt, das auf das Kind aufpasst, auf das es sich verlassen kann und gegen das es sich abgrenzen kann. Wenn Eltern sich gegenseitig unterstützen, spürt das Kind, dass es „ganz" ist, denn es ist schließlich das Produkt dieses Vaters und dieser Mutter, und wenn diese beiden Menschen sich gegenseitig zermürben, reißen sie die Identität des Kindes auseinander. Wenn Eltern sich in einem ernsten Konflikt befinden, vergessen sie oft, dass sie das eigene Verhältnis zum Kind gerade dadurch stärken, dass sie das Verhältnis des anderen Elternteils zu ihrem Kind wertschätzen.

Nicht nur das Kind fühlt sich geborgen, wenn seine Eltern sich gegenseitig stützen und respektieren, auch die Eltern selbst fühlen sich sicher, wenn sie vom anderen Elternteil unterstützt werden. Aus vielen Untersuchungen wird deutlich, wie wichtig die Qualität der Co-Parenting-Beziehung für die Beziehung beider Eltern zum Kind ist und wie es die Erziehungsfähigkeit der Eltern stärkt. Wenn ein Elternteil vom anderen Elternteil unterstützt wird oder sich unterstützt fühlt (und ich kann nicht oft genug betonen, dass Eltern, die geschieden sind, das genauso gut können, wenn auch auf eine andere Weise wie Eltern, die zusammenleben), dann hat dies positive Auswirkungen auf die Qualität des Elternverhaltens. Wenn sich Eltern im Prozess der Scheidung befinden, werden die Erziehungsqualitäten vorübergehend schlechter, stabilisieren sich aber wieder, wenn die Scheidung (gut) abgeschlossen wurde, wie verschiedene Untersuchungen zeigen.[70]

Wenn zwischen den Eltern Spannungen bestehen oder sie mit ihrer Beziehung unzufrieden sind, neigen sie dazu, eine sehr enge Beziehung zu ihrem Kind aufzubauen oder sich aus der Beziehung zu ihrem Kind zurückzuziehen. Oft sucht die Mutter engeren Kontakt, während sich der Vater zurückzieht, es kann aber auch genau umgekehrt sein. Die Qualität der Beziehung der Eltern zueinander beeinflusst also die Qualität des Elternverhaltens. Es macht daher Sinn, nicht nur über die Qualität unserer Beziehung zu unseren Kindern nachzudenken, sondern auch über die Beziehung zwischen uns und dem anderen Elternteil oder anderen Erziehern.

Als geschiedene Mutter war ich mir der positiven Auswirkungen eines unterstützenden Co-Parenting bewusst und habe immer gerne darauf zurückgegriffen, sogar in der Zeit, in der wir als ehemalige Partner kaum Kontakt zueinander haben wollten. Wenn meine heranwachsenden Kinder betrunken nach Hause kamen und ich mir Sorgen über ihren Alkoholkonsum machte, dann sagte ich, dass ich das mit ihrem Vater besprechen müsse und tat das auch oder ich sagte so etwas wie: „Dein Vater und ich finden dein Verhalten inakzeptabel." Dann fühlte ich mich als Alleinerziehende sofort stärker, weil ich mir – für mich selber – den unterstützenden Partner und – für die Kinder – den anwesenden und beteiligten Vater vor Augen gerufen hatte. Und ich stellte fest, dass die Mitteilung so mehr Eindruck auf meine Kinder machte. Als meine Tochter mich anrief, um mir zu sagen, dass sie ihre Abschlussprüfung bestanden hatte, fuhr ich mit dem Fahrrad nach Hause und kaufte unterwegs einen großen Strauß Blumen. Auf eine Karte schrieb ich: „Herzlichen Glückwunsch!! Mama". Dann dachte ich kurz nach und ergänzte: „Papa und Mama". Als ich ihr den Strauß gab, sah ich, dass sie die Tränen kaum zurückhalten konnte, als sie das „Papa und Mama" las. Mir wurde bewusst, wie wichtig es war, dass ich über meine Enttäuschung, die ich gegenüber meinem ehemaligen Partner empfand, hinwegsehen konnte: Wir waren und blieben zusammen der Vater und die Mutter dieser tollen Kinder!

Es kommt also der eigenen Elternrolle und dem anderen Elternteil zugute, wenn man gut für die Co-Parenting-Beziehung sorgt und den anderen Elternteil wertschätzt.

Eltern denken oft, dass es nicht gut für ihre Kinder ist, Zeuge der eigenen Konflikte zu werden. Mark Cummings untersucht schon seit Jahrzehnten die Auswirkungen von Streit zwischen den Eltern auf die Kinder. Seine Studien zeigen jedoch, dass es nicht schädlich für Kinder ist, wenn gestritten wird, sondern wenn solche Streitigkeiten nicht im Beisein der Kinder gelöst werden.[71] Die Streit- und Wiedergutmachungsübung aus dem vorangegangenen Kapitel ist eine Übung für diesen Prozess: Entschuldigen Sie sich bei Ihrem Partner, wenn Sie sich in einem Streit danebenbenommen haben, und zeigen Sie dies Ihren Kindern, wenn diese Zeuge des Streits waren. Wir glauben, dass Kinder solch einen Streit schnell wieder vergessen, aber das ist nur scheinbar so. Für Kinder ist es viel schwieriger als für Erwachsene, nachzufragen, ob der Streit beendet und alles wieder gut ist – vielleicht aus Angst, ihre Eltern damit zu belasten. Ihr Schweigen bedeutet also nicht, dass sie sich keine Sorgen machen oder nicht unter den elterlichen Konflikten leiden.[72] Es geht darum, den eigenen Stolz und das Ego loslassen zu können, um sich wirklich und aus eigenem Entschluss beim Partner in Anwesenheit des Kindes zu entschuldigen, wenn man selber mit dem eigenen Verhalten unzufrieden war, und zwar ohne „ja, aber …".

Eltern sind komplementär, sie ergänzen sich, und es ist wichtig, dass sie erkennen, wann ihr Kind vom anderen Elternteil eher profitiert als von einem selber. Seit zehn Jahren untersuche ich mit meinem Team die einzigartige Rolle des Vaters in der Entwicklung von Kindern, besonders in Bezug auf das Überwinden von Ängsten und die Entwicklung von Selbstvertrauen.[73] Väter und Mütter haben sich im Laufe der Evolution spezialisiert: Mütter trösten und füttern, zeigen Verständnis und fördern soziale Fähigkeiten wie Empathie. Die Väter unterstützen das herausfordernde Spiel und den Wettbewerb untereinander.

Daher ist es möglich, dass Väter Mütter für überbehütend halten und Mütter Väter für unverantwortlich. Wenn die Mutter das Kind absichtlich gewinnen lässt, während der Vater alles tut, um das Kind verlieren zu sehen, dann findet der Vater, dass das Kind verweichlicht, während die Mutter meint, dass der Vater sich wie ein großes Kind benimmt. Aber das Kind braucht für seine Entwicklung beide Seiten. Beide Elternteile folgen ihren angeborenen Instinkten und betrachten sich auch gegenseitig so. Achtsame Erziehung bedeutet, dass man nicht nur vorurteilsfrei auf das eigene Kind schaut, sondern auch den anderen Erwachsenen und seinen oder ihren Umgang mit dem Kind ohne Vorurteil betrachtet. Das bedeutet nicht, dass man niemals urteilen darf, sondern nur dass man dieses Urteil aufschiebt und den Partner mit einem nicht urteilenden, frischen Blick betrachtet. Öffnen Sie sich dafür, zu sehen, was Ihr Kind vom anderen Elternteil braucht und empfängt.

Eltern, die sich vom Partner unterstützt fühlen, scheinen die besseren Erzieher zu sein.[74] Darum ist es wichtig, zunächst einmal einzusehen, dass Sie es nicht alleine tun können und auch nicht alleine tun müssen. Sorgen Sie dafür, dass Sie Unterstützung erhalten, indem Sie um Unterstützung bitten, und diese Unterstützung, die Sie von Ihrem Partner, ehemaligen Partner oder anderen Erziehern bekommen, auch wirklich annehmen und als Unterstützung erfahren können. Und es ist hilfreich, dem anderen Elternteil die eigene Verletzlichkeit zu zeigen, wenn man von ihm unterstützt werden möchte. Sprechen Sie darüber, was Sie in der Erziehung und im Kontakt mit dem Kind schwierig finden, wobei Sie unsicher sind, was Sie belastend finden, was Sie nicht wissen, was Sie (noch) nicht können. Achten Sie auch darauf, was Ihr Partner von Ihnen braucht, um ein guter Erzieher sein zu können, welche Unterstützung, Bestätigung, Hilfe, und schaffen Sie eine geschützte Atmosphäre für den anderen, damit er Ihnen mitteilen kann, was er oder sie bei der Erziehung des Kindes schwierig findet.

Unsere Mindful-Parenting-Trainings, wie wir sie unterrichten, sind nicht auf die Partner-Beziehung in der Erziehung ausgerichtet, sondern auf die Beziehung zum Kind und auf die eigene Elternrolle. Dennoch zeigt eine Untersuchung von 86 Eltern, die am Training teilnahmen, dass Mindful Parenting auch einen positiven Effekt auf die Beziehung zum anderen Elternteil hat.[75] Die Eltern machten Angaben auf einer „Co-Parenting-Skala“[76], und zwar acht Wochen vor Beginn des Mindful-Parenting-Trainings, unmittelbar nach dem 8-wöchigen Training, und acht Wochen später im Folgeseminar. Mit einer Reihe von Fragen wird dabei sowohl das öffentliche Co-Parenting erfasst (das Verhalten eines Elternteils gegenüber dem anderen, wenn Eltern und Kind zusammen sind) als auch das indirekte Co-Parenting (inwieweit die Eltern, wenn sie mit dem Kind alleine sind, den anderen Elternteil präsent werden lassen und über ihn sprechen).

Es wurden drei Parameter gemessen: Ob die Eltern ein Gefühl der Zusammengehörigkeit zwischen den Familienmitgliedern fördern, ob sie den Partner schlechtmachen und ob sie uneinig sind und Streit haben, wenn die Kinder anwesend sind. Bei allen drei Parametern waren Verbesserungen nach dem Mindful-Parenting-Training zu bemerken. Die größte Verbesserung zeigte sich darin, dass die Eltern in Anwesenheit der Kinder weniger uneinig waren und stritten. Interessant war jedoch auch, dass keine Verbesserung der Partnerbeziehung, einschließlich der Konflikte zwischen den Partnern, durch das Mindful-Parenting-Training erreicht wurde. Achtsame Erziehung verbessert also explizit die Co-Parenting-Beziehung der Eltern.

Ob die Eltern zusammenleben oder nicht (mehr), sie trennen sich in Wahrheit nie wirklich, weil sie eine lebenslange Beziehung zum Kind beibehalten, das sie gemeinsam gezeugt haben. Sie werden immer gemeinsam die Eltern dieses Kindes bleiben und später die Großeltern der Enkel. Nancy Bardacke, die Entwicklerin von „Mindfulness-Based Childbirth and Parenting“ (MBCP),[77] hat eine wunderbare Meditation für werdende

Eltern entwickelt.[78] Sie bittet die werdenden Eltern, einander gegenüber Platz zu nehmen und sich anzuschauen. Dann sagt sie: „Schauen Sie die Person an, die Ihnen gegenübersitzt. Diesen Menschen haben Sie ausgewählt, um gemeinsam mit ihm dieses Kind zur Welt zu bringen. Wie immer Sie jetzt oder in der Zukunft auch gegenüber diesem Menschen empfinden, und was auch immer in Ihrer beider Leben oder Ihrer Beziehung geschehen mag, ob Sie zusammenbleiben oder nicht, diese Person wird immer ein Elternteil des Kindes sein, das dort heranwächst und bald zur Welt kommen wird. Und eines Tages wird diese Person auch der Großvater oder die Großmutter der Kinder dieses Kindes sein." Die Verbindung, die entsteht, wenn wir ein Kind in die Welt setzen, endet nie. Wenn wir den anderen Elternteil wirklich wahrnehmen und uns innerlich darüber bewusst werden, was diese Verbindung bedeutet, werden wir uns vielleicht ein wenig unwohl fühlen, aber es wird uns gleichzeitig helfen, so gut wir können für diese Partnerschaft bei der Erziehung zu sorgen, in guten wie in schlechten Zeiten!

ÜBUNGEN

Meditation über beliebige Wahrnehmungen (Audiodatei Nr. 6)

Im Anschluss an Kapitel 1 haben Sie in einer Sitzmeditation Ihre Aufmerksamkeit auf Ihren Körper und die Atmung gerichtet, auf Kapitel 2 folgte ein Bodyscan und auf Kapitel 3 eine weitere Sitzmeditation, in der Sie Ihre Aufmerksamkeit auf Geräusche und Gedanken lenken sollten, eine visuelle Meditation im Anschluss an Kapitel 4 und schließlich eine Laufmeditation zum Abschluss von Kapitel 5. Bei all diesen Meditationen lag der Fokus auf etwas Bestimmtem, dem Atem, dem Körper,

Geräuschen, Gedanken, Bildern, den Empfindungen beim Laufen. In der Meditation zu beliebigen Wahrnehmungen gibt es keinen bestimmten Fokus. Sie beobachten, worauf sich Ihre Aufmerksamkeit von Moment zu Moment gerade richtet, und zwar aus einem Abstand heraus. Stellen Sie sich einen Wecker, der nach 10 Minuten klingelt oder hören Sie begleitend die Audiodatei Nr. 6. Führen Sie diese Übung möglichst eine Woche lang jeden Tag durch.

Nehmen Sie eine sitzende Meditationshaltung ein und richten Sie Ihre Aufmerksamkeit zunächst auf Ihre Körperhaltung, auf den Kontakt Ihres Körpers mit dem Untergrund und auf Ihre Atmung, bis Sie spüren, dass Sie wirklich angekommen sind. Dann beobachten Sie, worauf sich Ihre Aufmerksamkeit richtet. Sie können sich jedes Mal in Gedanken eine Notiz dazu machen, worauf Ihre Aufmerksamkeit gerade ruht: „Pläne“, „Unruhe“, „Geräusche“, „Schmerz“. Machen Sie sich bewusst, worauf sich Ihre Aufmerksamkeit richtet, ohne sich davon mitreißen zu lassen. Wenn Sie das alles zu sehr überwältigt, können Sie Ihre Aufmerksamkeit wieder auf Ihre Atmung richten oder auf den Kontakt Ihres Körpers mit dem Untergrund. Wenn Sie wieder zur Ruhe gekommen sind, können Sie erneut dazu übergehen, etwas Beliebiges wahrzunehmen.

Machen Sie sich hierzu Notizen.

Co-Parenting-Beobachtungsübung

Wählen Sie einen Moment, in dem Ihr Partner sich mit Ihrem Kind beschäftigt, zum Beispiel wenn er das Kind anzieht, mit ihm spielt, sie gemeinsam kochen oder Hausaufgaben machen, er das Kind ins Bett bringt etc. Sie können sich für etwas entscheiden, von dem Sie glauben, dass Ihr Partner es wirklich gut macht, aber es kann auch etwas sein, bei dem Sie Ihrem Partner weniger vertrauen oder der Meinung sind, dass er/sie es weniger gut beherrscht.

Nun geht es darum, Ihre Aufmerksamkeit in diesem Moment bewusst und ohne Urteil darauf zu richten, wie Ihr Partner/der andere Elternteil mit Ihrem Kind umgeht und wie Ihr Kind auf ihn oder sie reagiert. Achten Sie darauf, welche Gedanken und Urteile in Ihnen aufkommen („Wie lieb" oder „Pass auf!"), Gefühle (Freude oder Angst, Verärgerung) oder der Wunsch zu reagieren (mitmachen, weggehen oder die Sache übernehmen). Lassen Sie, so gut Sie können, das Verlangen zu handeln wieder los und beobachten Sie weiter. Nehmen Sie sich ungefähr fünf Minuten Zeit.

Wenn es für Sie schwierig ist, diese Übung durchzuführen, weil Sie geschieden sind und den anderen nicht oder kaum in Kontakt mit Ihrem Kind erleben, überlegen Sie, wie Sie dies organisieren können. Fragen Sie zum Beispiel, ob Sie das nächste Mal, wenn Sie Ihr Kind abholen, etwas länger bleiben dürfen, um zusammen ein Gesellschaftsspiel zu spielen (und beobachten Sie dabei die Interaktion zwischen Ihrem Kind und Ihrem ehemaligen Partner), oder fragen Sie, ob Sie zuschauen dürfen, wenn Ihr früherer Partner die Fußballmannschaft Ihres Kindes coacht oder mit Ihrem Kind musiziert.

Co-Parenting-Schreibübung:
Überlegen Sie, was Ihr Partner Ihrem Kind geben kann, und schreiben Sie es auf. Hier ein Beispiel:

> Er spielt mit unserer Tochter Gitarre, weckt ihr Interesse an Büchern, weil er regelmäßig mit ihr in die Bibliothek geht (er macht ihr Vorschläge, welche Bücher sie lesen könnte), er ermutigt sie, schwierigere Herausforderungen anzugehen, diskutiert mit ihr, lässt sie Dinge alleine machen, von denen ich meine, dass sie dafür noch zu jung ist etc.

Wie zeigen Sie Ihrem Partner jetzt schon, dass Sie es schätzen, was er für Ihr Kind tut? Wie zeigen Sie jetzt schon Ihre Dankbarkeit? Wie unterstützen Sie Ihren Partner jetzt schon dabei, diese Qualitäten weiter zu entwickeln?

> Ich nehme auf Video auf, wie sie miteinander spielen und singen, ich sage ihm, dass ich es toll finde, wie er unserem Kind bei den Hausaufgaben hilft.

Überlegen Sie sich andere Dinge, mit denen Sie dem anderen zeigen können, wie glücklich Sie darüber sind, was er oder sie Ihrem Kind bietet (neue Sätze, neues Verhalten), neue Arten, mit denen Sie ihn oder sie dabei unterstützen, sein oder ihr Elternsein zu leben.

> Ich könnte ihm öfter sagen, wie viel unser Kind von ihm lernt, ich könnte ein Gitarrenbuch für Väter und Kinder besorgen, sodass sie zusammen musizieren können, ich könnte ihm sagen, wie froh ich bin, dass er unserem Kind das Schlittschuhlaufen beigebracht hat, und ihn fragen, wie er das hinbekommen hat.

Liebevolle Freundlichkeitsmeditation von innen nach außen

Machen Sie eine liebevolle Freundlichkeitsmeditation, in der Sie erst sich, dann Ihrem Kind und anschließend Ihrem Partner oder einer anderen geliebten Person und zuletzt eventuell Ihrem ehemaligen Partner oder jemand anderem, dem Sie negative Gefühle entgegenbringen, das Beste wünschen. Wichtig ist, dass Sie dabei nichts Bestimmtes erwarten. Sie müssen nicht liebevoll gegenüber dem ehemaligen Partner oder dem Feind empfinden. Es geht darum, dass Sie die Absicht haben, diese Wünsche der Person gegenüber auszusprechen.

Achten Sie darauf, dass Sie bequem liegen oder sitzen, und schließen Sie Ihre Augen. Werden Sie sich Ihres Körpers bewusst, so wie Sie gerade liegen oder sitzen, und nehmen Sie Ihre Atmung wahr. Richten Sie Ihre Aufmerksamkeit auf sich selbst. Konzentrieren Sie sich nicht darauf, was Sie an sich selber gut oder nicht gut finden, sondern schenken Sie der Tatsache Aufmerksamkeit, dass Sie ein Mensch sind, der lebt ..., der atmet ..., der leidet. Und wünschen Sie sich selber* das Beste**:

Dass ich glücklich sein darf (Möge ich glücklich sein).

Dass ich friedvoll sein darf (Möge ich friedvoll sein).

Dass ich ohne Leiden existieren darf (Möge ich ohne Leiden existieren).

Lassen Sie die Sätze auf sich wirken und beobachten Sie alle Ihre Reaktionen ...

* Wenn es schwierig für Sie ist, sich freundliche Dinge zu wünschen, können Sie das Folgende tun: Wünschen Sie sich freundliche Dinge wie einem verletzlichen Kind (siehe auch Kapitel 10 über Schemata). Wenn Ihnen das hilft, können Sie sich „kleine(r) [Ihr Name]“ nennen. Wünschen Sie zunächst Ihrem Kind, einer geliebten Person oder einem Haustier freundliche Dinge.

** Sie können auch andere Sätze sagen, drei positive Sätze über universelle Dinge, die Sie sich und anderen Menschen wünschen. Ein paar Beispiele und Varianten: Dass ich sicher und behütet sein darf. Dass ich mühelos und in Freundlichkeit leben darf. Dass ich mich selber gern haben darf, so wie ich bin. Dass ich mich selber akzeptieren darf, so wie ich bin.

Wiederholen Sie die oben aufgeführten Sätze für die folgenden Personen:

1. Ihr Kind
2. eine geliebte Person, wie Ihr Partner oder ein Mentor, andere geliebte Menschen oder ein Haustier
3. Ihren ehemaligen Partner oder eine andere Person, mit der Sie Schwierigkeiten haben

7 Grenzen setzen – wo ich ende und du beginnst

Ich stelle mir eine Grenze als Linie vor, die man um sich herum zieht, um deutlich zu machen, wo man selbst endet und sein Kind beginnt.

DEBBIE PINCUS

Indem wir unseren Kindern Selbstbestimmung und Entscheidungsfreiheit zugestehen, ermöglichen wir ihnen zum einen, sich so zu zeigen, wie sie wirklich sind, und zum anderen, ihren eigenen Weg zu finden.

MYLA & JON KABAT-ZINN[79]

Eltern stehen vor einer fundamental wichtigen, aber schwierigen Aufgabe: Einerseits müssen sie ihren Kindern die Regeln und Werte beibringen, die notwendig sind, um in einer Gesellschaft zu funktionieren, andererseits müssen sie aber auch dem Wunsch ihrer Kinder Rechnung tragen, sich selber auszudrücken und ihre einzigartigen Interessen und Möglichkeiten zu entwickeln. Es scheint, als hätten Eltern heute immer öfter Schwierigkeiten, ihren Kindern Grenzen zu setzen, um ihnen Regeln beizubringen.

Als ich einmal beim Gemüsehändler stand, sah ich ein kleines Kind, das in den Tomaten wühlte und sich eine davon in den Mund steckte. „Ach Liebes", sagte die Mutter, „wenn du so gerne Tomaten magst, dann kaufen wir doch gleich eine ganze Schale!"

Ist das achtsame Erziehung? Die Mutter hatte richtig beobachtet, dass ihr Kind gerne Tomaten mag, aber dies wäre auch eine gute Gelegenheit gewesen, ihm zu erklären, dass man sich in einem Geschäft die Sachen nicht einfach nimmt, geschweige denn, sie gleich aufisst.

Ob es um Tomaten oder Süßigkeiten geht, Eltern müssen ihren Kindern die Regeln der Gemeinschaft beibringen (jedenfalls, wenn sie diese Regeln teilen) und ihnen dabei helfen, die Enttäuschungen, die diese Regeln mit sich bringen, auszuhalten. Die Mutter hätte sagen können: „In einem Geschäft kann man Sachen kaufen, aber man darf sie nicht einfach aufessen!" Dann hätte sie den Rest der Tomate bezahlt, hätte sie aber nicht ihrem Kind gegeben und auch keine ganze Schale gekauft. Das Kind hätte sich vielleicht geschämt, weil es die Tomate aufgegessen hat, auf jeden Fall wäre es enttäuscht gewesen, und ganz sicher wütend auf seine Mutter. Die Scham auszuhalten, die auf den Regelverstoß folgt und darauf, (öffentlich) korrigiert zu werden, ist eine wichtige Erfahrung oder Entwicklungsaufgabe für das Kind. Und genauso muss es lernen, mit der Frustration und der Wut umzugehen, die daraus resultieren, nicht einfach tun zu können, was man will.

Warum enthält die Mutter ihrem Kind diese Erfahrung vor? Vermutlich hat das mit „parental experiential avoidance" zu tun: Die Mutter vermeidet Situationen, in denen das Kind sich schämt, Enttäuschung erlebt oder wütend wird. Darüber, was hinter diesem Vermeidungsverhalten steckt, können wir nur spekulieren, das kann nur die Mutter selber herausfinden.

Möglicherweise hat sie selber unangenehme Erinnerungen an schamhafte Situationen oder sie leidet unter sozialer Angst und befürchtet, dass das auch für ihr Kind zu einem Problem werden wird, und versucht daher, ihr Kind vor Schamerfahrungen zu schützen. Vielleicht hat sie Angst davor, sich zu schämen, wenn ihr Kind in der Öffentlichkeit einen Wutanfall bekommt. Vielleicht denkt sie, andere würden sie dann für eine schlechte Mutter halten, und darum lässt sie ihrem Kind seinen Willen. Vielleicht ist sie aber auch vollkommen erschöpft, ihr Kind hatte an diesem Tag schon mehrere Wutanfälle und sie fühlt sich nicht mehr in der Lage, noch einen weiteren Wutanfall durchzustehen. Es kann sein, dass sie sich schuldig fühlt, wenn sie ihrem Kind Grenzen setzt. Vielleicht ist sie von einem aggressiven Vater erzogen worden und hat deshalb Angst vor Aggressionen, selbst wenn sie von ihrem eigenen Kleinkind ausgehen. Vielleicht nimmt sie die Wut ihres Kindes persönlich und ist sich nicht darüber im Klaren, dass sich hier die Wut gegenüber der Gesellschaft äußert, in der sich jeder an bestimmte Regeln halten muss. Vielleicht ist sie gerade geschieden und hat Angst, dass ihr Kind lieber bei seinem Vater leben möchte, wenn sie ihm nicht seinen Willen lässt. Vielleicht wurden ihre Grenzen von anderen überschritten, sodass sie jetzt Probleme hat, Grenzen zu setzen. Vielleicht ist sie so sehr damit beschäftigt, eine gute Mutter zu sein, dass sie meint, es dürfte keine Brüche in der Beziehung zu ihrem Kind geben. Oder sie bewundert ihr Kind so sehr, dass sie glaubt, es könnte gar nichts falsch machen. Was auch immer der Grund sein mag, diese Mutter hat hier eine Möglichkeit verpasst, ihrem Kind etwas Wichtiges beizubringen!

In der Familie, in der ich aufgewachsen bin, war Kreativität ein wichtiger Wert. Jedes Haus, in dem wir wohnten, hatte ein angebautes Atelier, in dem meine Mutter arbeitete, wo aber auch wir zu jeder Tageszeit willkommen waren, um dort zu malen, mit Ton zu arbeiten, zu drucken, zu spinnen, Handarbeiten zu machen oder zu nähen. Das gesamte Material im Atelier stand zu unserer unbegrenzten Verfügung und auch alle unsere Freunde durften es benutzen. Wir wurden nie darauf hingewiesen, dass wir nichts durcheinanderbringen durften, und wenn wir fertig waren, räumten wir unsere Sachen wieder auf. Ich hege warme Erinnerungen an diese fröhlichen Spiel- und Arbeitsstunden in den Ateliers, in denen immer klassische Musik lief, die meine Mutter so liebte.

Ich erinnere mich daran, dass Freunde ins Atelier kamen, um dort zu spielen. Aus einem Impuls heraus drückten sie eine ganze Tube Leim oder Farbe leer oder rannten weg, wenn wir begannen aufzuräumen. Ich weiß noch, wie schockiert ich war: Offensichtlich hatten wir uns die Werte ganz zu eigen gemacht, die besagten, dass wir sorgsam mit dem Material umgehen sollten, dass wir es großzügig gebrauchen, aber nicht verschwenden durften und dass wir nachher alles wieder aufräumen mussten – wir hatten diese Werte internalisiert.

Außerdem hatte ich immer die volle Aufmerksamkeit meiner Mutter, wenn es um unsere kreativen Exzesse ging. Wir konnten uns jederzeit auf ihre Anwesenheit, Verfügbarkeit, Zeit, Ruhe und Geduld verlassen, wenn sie uns half und Dinge zeigte, und ihr aufrichtiges Interesse an dem, was wir machten, war garantiert. Sie legte von allen fünf Kindern Mappen an, in die sie unsere Bilder einklebte, um so unsere Fortschritte beim Zeichnen zu dokumentieren, von der Zeit, als wir Babys waren, bis zum Ende der Pubertät. Und alle Zeichnungen waren mit dem Datum und ein paar Notizen versehen, oft war es der Titel, den wir der Zeichnung selber gegeben hatten. Diese Mappen sind einzigartige Dokumente unserer kognitiven, kreativen und psychologischen Entwicklung: unserer Träume, Interessen, Ängste und Faszinationen. Ich denke, ich halte diesen Freiraum, den wir hatten, und das Interesse an unserer Kreativität in Kombination mit eindeutigen Werten und Grenzen für den am besten gelungenen Teil meiner Erziehung. Ich frage mich oft, wie viel Zeit Kinder heute mit Zeichnen, Malen, Basteln und Nähen verbringen, seit das Fernsehen und der Computer eine so wichtige Rolle in unserem Leben spielen. Und ich frage mich, was sie dabei alles verpassen.

Bei der Erziehung meiner Kinder empfand ich es immer als eine der schwierigsten Aufgaben, Grenzen zu setzen. Wie oft bauten meine Kinder eine Hütte, für die sie alle Laken von den Betten und aus den Schränken zogen, obwohl sie noch zu jung waren, sie selber wieder ordentlich zu falten. Das Haus verwandelte sich dann in kürzester Zeit in ein einziges großes Schlachtfeld. Dennoch fand ich das alles meist ganz wunderbar, weil ich sah, wie viel Spaß sie daran hatten und wie kreativ sie beim Bauen der Hütten und beim anschließenden Spiel waren.

Erst als ich über die Meditation lernte, meine eigene körperliche und mentale Verfassung zu betrachten, gestand ich mir selber ein, dass ich manchmal nicht wollte, dass die Kinder eine Hütte bauten. Wenn ich gerade nicht die Kraft hatte, ihnen anschließend dabei zu helfen, das Chaos wieder zu beseitigen, oder es schon so spät war, dass sie gar nicht mehr die Zeit haben würden, um noch in der Hütte zu spielen, geschweige denn die Hütte wieder abzubauen. Also führte ich die Regel ein, dass sie mich erst um Erlaubnis bitten mussten, bevor sie eine Hütte bauten. Dann nahm ich mir kurz Zeit, darüber nachzudenken, ob es in den Tagesablauf passte, aber auch, ob es für mich passte, je nachdem wie ich mich gerade fühlte.

Und ich lernte, dass es besser ist, nicht zu oft Nein zu sagen, und immer kurz eine Pause einzulegen, wenn ich Nein sagte. So konnte ich kurz noch einmal der Frage nachspüren, ob dieses Nein auch wichtig genug für mich war, um daran festzuhalten, wenn es zu einer großen Enttäuschung und einem Wutanfall führte. Manchmal war genau das die Herausforderung, dieses Nein herunterzuschlucken und mit einem uneingeschränkten Ja zuzustimmen.

Eines Tages kam ich auf die Terrasse, wo mein Sohn und meine Tochter am Tisch saßen und malten, jeder auf einem großen Blatt Papier. Das Blatt meiner Tochter war bereits voll und sie hatte ihre Zeichnung auf einem kleinen Stück der weißen Wand weitergeführt, an der der Tisch stand. Obwohl mein erster Impuls war, Nein zu sagen, betrachtete ich die Wand zunächst noch einen Augenblick, während meine Tochter malte, und entschied dann, dass die Kinder die ganze Wand bemalen durften, wenn sie wollten. Sie holten ihre Freunde und Freundinnen aus der Straße dazu und die Gruppe Kinder bemalte den Rest des Tages die Terrassenwand, manche standen dabei oben auf einer Leiter. Noch Jahre später hatte ich große Freude an den Gemälden auf der Wand!

Kinder Grenzen aufzuzeigen, ist wichtig für ihre Sozialisierung. Es gibt viele Untersuchungen, die sich damit beschäftigen, welche positiven Auswirkungen es hat, wenn Eltern angemessen Grenzen setzen.

Auf welche Weise Eltern diese Grenzen setzen, wurde zum Beispiel in dem folgenden Experiment untersucht:[80]

Die Eltern und ihr kleines Kind sollten in einem ansonsten leeren Raum warten, in dem ein Gegenstand stand, der für ein Kind in diesem Alter sehr interessantes war, zum Beispiel ein buntes Xylofon oder ein Keyboard. Die Eltern bekamen die Aufgabe, genau das zu tun, was sie zu Hause auch tun würden, um zu verhindern, dass das Kind dieses attraktive Objekt anfasst oder darauf spielt.

Eltern die achtsam Grenzen setzen, sind eindeutig, was das Verbot angeht, sie kommunizieren es durch klare verbale und körperliche Anweisungen. Dabei helfen sie ihrem Kind, das Verbot zu akzeptieren, indem sie es ablenken, ihm alles erklären und mit responsivem Verhalten reagieren, also Empathie für die Gefühle ihres Kindes zeigen und seine Wünsche in Bezug auf das verbotene Objekt anerkennen. Sie gehen einem eventuellen Streit über die Kontrolle in dieser Situation nicht aus dem Weg. Sie haben also eindeutig die Kontrolle und die sich entwickelnde Selbstkontrolle des Kindes unterstützen sie gefühlvoll.

Wir wissen aus einer Reihe psychologischer Studien, dass das angemessene Aufzeigen von Grenzen durch die Eltern (Mütter und Väter) im Allgemeinen mit einem besseren Sozialverhalten, besseren schulischen Leistungen, geringerer Aggressivität und weniger antisozialen Verhaltensauffälligkeiten, weniger internalisierenden Symptomen wie Angst und Depression sowie besserer Aufmerksamkeit, Emotionsregulierung und Selbstkontrolle einhergeht.[81] Manche Studien zeigen sogar, dass Voraussagen über eine günstige Entwicklungsprognose von Kindern in diesen Bereichen möglich sind.[82] Wir wissen auch, dass Eltern, die ihren Kindern eindeutige Grenzen setzen, wärmer mit ihren Kindern umgehen und sie stärker in ihrer Autonomie unterstützen.

Psychologische Studien zeigen jedoch auch, dass Grenzen der intrinsischen Motivation und der Kreativität von Kindern entgegenwirken. Kreative Architekten berichten zum Beispiel, dass ihre Eltern ihnen als Kind ungewöhnlich viel Freiheit ließen.[83]

Der israelische Psychotherapeut Ginott stellte die These auf, dass Grenzen, wo sie nötig sind, knapp und unpersönlich formuliert werden sollten, also: „Wände dürfen nicht bemalt werden“ statt: „Du darfst die Wände nicht bemalen“.[84] Richard Koestner und sein Team untersuchten, ob es tatsächlich von Bedeutung ist, auf welche Weise Kindern Grenzen aufgezeigt werden.[85] In einem eleganten Experiment ließen sie 44 Kindern zwischen 6 und 7 Jahren ein Bild von ihrem Traumhaus malen, dazu hatten sie 10 Minuten Zeit.

Die Aufgabenstellung lautete wie folgt:

> Es interessiert mich, wie Kinder Dinge malen. Also würde ich mich freuen, wenn du ein Bild malst. Ich möchte, dass du ein Haus malst, in dem du gerne wohnen würdest. Das Haus kann aussehen, wie du willst. Vielleicht könnte dein Haus einen Garten haben, vielleicht mit Bäumen und Tieren darin. Es kann so fantasievoll sein, wie du magst.

Dabei wurden den Kindern entweder keine Grenzen, sogenannte „informative“ Grenzen oder „kontrollierende“ Grenzen gesetzt. Im Fall der informativen Grenzen lautete die Formulierung:

> Bevor du anfängst, möchte ich dir erklären, wie bei uns gemalt wird. Ich weiß, dass es manchmal Spaß macht, einfach mit der Farbe zu kleckern, aber hier bei uns ist es wichtig, dass die Sachen und der Raum ordentlich bleiben, weil die anderen Kinder sie ja auch noch benutzen wollen. Das kleinere Blatt ist für dich, darauf kannst du malen, das größere Blatt ist die Grenze, das soll sauber bleiben. Auch die Farbe soll sauber bleiben, darum musst du den Pinsel auswaschen und auf dem Küchenpapier

> abstreifen, bevor du eine andere Farbe benutzt. Ich weiß, dass manche Kinder nicht gerne ständig ordentlich sind, aber heute ist es wichtig, ordentlich zu arbeiten.

Bei den kontrollierenden Grenzen klang die Formulierung so:

> Bevor du anfängst, werde ich dir ein paar Dinge erklären, an die du dich halten musst: Es geht um die Regeln, die wir hier haben, wenn wir malen. Du musst die Farbe sauber halten. Du darfst nur auf dem kleinen Blatt Papier malen, klecker also nicht auf das große Blatt. Und du musst deine Pinsel auswaschen und am Küchenpapier abwischen, bevor du eine andere Farbe nimmst, damit die Farben sich nicht mischen. Überhaupt möchte ich, dass du dich wie ein ordentlicher Junge (ordentliches Mädchen) benimmst und die Farben nicht dreckig machst.

Nach dem Experiment konnten die Kinder entscheiden, ob sie noch ein Bild ohne Vorgaben malen oder ein Puzzle machen wollten. Anschließend wurden sie gebeten, anzugeben, wie viel Spaß ihnen das Malen gemacht hatte. Die Bilder vom Traumhaus wurden sowohl von Experten als auch von Studenten, die nicht wussten, unter welchen Bedingungen die Bilder entstanden waren, in Bezug auf ihre technische Qualität, den Farbgebrauch und die Ausführung bewertet.

Kinder, die unter kontrollierenden Bedingungen gearbeitet hatten, entwickelten weniger Freude am Malen, waren weniger intrinsisch motiviert, danach noch weiter zu malen (sie entschieden sich häufiger für das Puzzle und wenn sie dennoch ein Bild malen wollten, malten sie nicht so lange), die Gemälde ihres Traumhauses waren weniger kreativ, von technisch geringerer Qualität, hatten eine eingeschränktere Farbpalette und waren weniger ausgearbeitet. Bei manchen Ergebnissen (zum Beispiel bei der Kreativität) waren die Ergebnisse der Gruppen besser, denen keine Grenzen gesetzt worden waren, während bei einzelnen anderen Aspekten (wie der technischen Qualität) kein Unterschied zwischen der Gruppe mit den informativen Grenzen und der ohne Grenzen festzustellen war. Insgesamt jedoch schnitt die Gruppe mit den informativen Grenzen besser ab als die Gruppe mit den kontrollierenden Grenzen.

Die Untersuchung zeigt, dass meine Mutter intuitiv richtig gehandelt hat, uns Freiraum zu gewähren, wenn es um unsere kreative Entwicklung ging. Aber man kann auch feststellen, dass es darauf ankommt, wie man Grenzen setzt, falls dies nötig ist. Dann ist es wichtig, dass man erläutert, warum die Grenzen nötig sind, das Bedürfnis der Kinder, grenzenlos zu experimentieren, aber dennoch anerkennt.

Wenn wir Kindern Grenzen setzen wollen, sollten wir uns über unsere eigenen Grenzen bewusst werden. So wie es Debbie Pincus so schön formuliert: Die Linie, die man um sich herum zieht, um deutlich zu machen, wo man selber aufhört und das Kind beginnt.

Wenn Sie meditieren, können Sie in Ihrer Vorstellung ein Seil um sich herum legen oder eine Linie um sich ziehen: Das ist meine Grenze. Sie können Ihre Silhouette in Gedanken ausmalen, wenn Sie meditieren, und Ihre Haut spüren, die die Grenze Ihres Körpers darstellt.

Personen, die missbraucht wurden, deren Grenzen nicht respektiert wurden, sexuell, physisch oder mental, können wie folgt meditieren: Nehmen Sie die physischen Grenzen Ihres Körpers wahr und sagen Sie sich: „Das ist mein Körper, mein Körper gehört mir.“[86]

Yoga oder achtsame Bewegungsübungen sind hervorragende Möglichkeiten, sich der Grenzen des eigenen Körpers bewusst zu werden: Wie weit kann ich meine Beine strecken, bevor es schmerzt oder ich etwas erzwinge? Wenn ich auf meinen Körper höre, fühle ich, wo (in diesem Moment) die Grenze ist. Wenn man regelmäßig in Stille dasitzt und auf sich selber hört, beugt man der Gefahr vor, sich im Kontakt mit anderen, zum Beispiel seinen Kindern, zu verlieren. Regelmäßiges „Einchecken“, wobei man sich Raum zum Atmen verschafft, hilft dabei, sich seines physischen und mentalen Zustandes bewusst zu werden (man merkt, wie es einem geht) und somit auch seine Grenzen wahrzunehmen. Gut möglich, dass Sie es zu einem bestimmten Zeitpunkt wunderbar finden, wenn Ihre Kinder eine Hütte im Haus bauen, aber vielleicht spüren Sie zu einem anderen Zeitpunkt in Ihrem Körper, dass dafür kein Raum ist. Es geht darum, diese Grenze wahrzunehmen und sich zuzugestehen, dass es diese Grenze in eben diesem Moment gibt. Das zu fühlen und sich zuzugestehen, macht es leichter, die Grenze auf eine informative Weise zu kommunizieren und mit Gleichmut auf das Verhalten des Kindes zu reagieren.

Ein Kind wächst im Körper seiner Mutter heran und mit dem Durchtrennen der Nabelschnur ist der erste Schritt der Trennung zwischen Mutter und Kind vollzogen: Ihre Körper wurden voneinander getrennt. Die Grenze, die dort verläuft, wo die Mutter endet und das Kind beginnt, steht somit fest.

Wenn Sie sich Ihrer eigenen Grenzen bewusst werden und diese Ihrem Kind deutlich machen, helfen Sie ihm, seine eigene Autonomie zu entwickeln. Es lernt auf diese Weise, dass Eltern und Kind nicht eins sind, sondern getrennte Wesen, von denen jedes seine eigenen Bedürfnisse und Grenzen hat. Die Autonomie Ihres Kindes wächst, wenn es Nein zu Ihnen sagt („Nein, ich bin satt und ich will nichts mehr essen!“) und merkt, dass Sie seine Grenze wahrgenommen und akzeptiert haben, sodass es darauf vertrauen kann, dass es selber spürt, wann es genug gegessen hat. Und genauso wächst die Autonomie des Kindes, wenn es Ihre Grenzen kennenlernt, weil Sie sie fühlen und auf informative Weise vermitteln, es sich eventuell dagegen wehren kann, sie aber schließlich akzeptieren wird, wenn Sie Ihnen selbst wichtig genug sind.

Grenzen zu setzen, ist außerdem von Bedeutung, wenn es um die eigenen Ressourcen geht.

Die evolutionäre Psychologie betrachtet Mutterschaft als an Bedingungen geknüpft. Mütter sind sowohl dazu ausgestattet, ihre Kinder selber zu versorgen, aber auch dazu, dies abzulehnen und es an andere zu delegieren. Positive Emotionen wie Liebe und Bindung sind hilfreich bei der Investition in Nachkommen, während Wutausbrüche oder Desinteresse signalisieren, dass es an der Zeit ist, die eigenen Ressourcen für etwas anderes einzusetzen. Emotionen wie Schuldgefühle und Scham (siehe Kapitel 8) können Wut und Desinteresse unterdrücken oder regulieren. Der evolutionären Psychologie zufolge verhandeln Paare darüber, wie viel jeder von ihnen in die Versorgung des Kindes investiert, und beide Partner versuchen, ihren eigenen Beitrag zu minimalisieren und den des Partner zu maximalisieren.[87] Bei diesen Verhandlungen spielt allerdings auch die Frage eine Rolle, wer welche Aufgabe am besten erfüllen kann („comparative advantage"), und es ist natürlich klar, dass Mütter besser stillen können als Väter.

Sich der eigenen Grenzen bewusst zu werden, hat also etwas damit zu tun, dass man sich seine eigenen Ressourcen gut einteilt, was wiederum hilfreich ist, wenn man nicht in ein reaktives Elternverhalten verfallen möchte. Wenn wir unsere Ressourcen komplett aufbrauchen und sie nicht wieder auffüllen, kann es sein, dass wir plötzlich explodieren oder in Desinteresse verfallen (Kampf- oder Fluchtreaktion), sei es gegenüber unseren Kindern oder gegenüber unserem Partner und/oder anderem Elternteil oder anderen, die in die Erziehung unseres Kindes involviert sind. Stellen wir uns vor, wir kommen erschöpft nach Hause und regen uns darüber auf, dass unser Partner das Haus nicht aufgeräumt, das Essen nicht gekocht, die Kinder nicht vom Kindergarten abgeholt oder an die Hausaufgaben gesetzt hat etc. In dieser Situation ist es wichtig, unsere Grenze wahrzunehmen, darüber mit unserem Partner zu sprechen und ihn zu bitten, seinen Aufgaben noch nachzukommen. Denn wenn wir es selber tun – wütend oder nicht –, obwohl wir eigentlich müde sind oder etwas anderes tun müssten, besteht die Gefahr, dass wir unser Kind oder unseren Partner unkontrolliert angehen, wenn sie unsere Erwartungen nicht erfüllen. Wenn Sie sich der eigenen Grenzen bewusst werden und herausfinden wollen, wann Ihre Ressourcen wieder aufgeladen werden müssen, machen Sie eine Atempause und spüren Sie, wie es Ihnen gerade geht, um sich dann zu fragen, was Sie gerade brauchen.

Yoga oder achtsame Bewegungsübungen

Yoga oder achtsame Bewegungsübungen sind hervorragend dazu geeignet, die Grenzen des eigenen Körpers zu erkunden. Es geht dabei nicht darum, so viel wie möglich zu schaffen oder einen Wettkampf mit sich selber auszufechten, sondern darum, ganz genau zu spüren, was in einer bestimmten Körperhaltung mit Ihnen geschieht und wo genau Ihre Grenze ist. Sie können diese Grenze dann aufsuchen, dort ein paar Mal ein- und ausatmen und beobachten, ob Sie noch ein wenig weitergehen können oder nicht.

Führen Sie in dieser Woche am besten jeden Tag die achtsame Bewegungsübung Audiodatei Nr. 7 durch (Dauer ungefähr zehn Minuten) oder suchen Sie sich eine andere Yoga- oder achtsame Bewegungsübung, die Ihnen hilft, Ihre körperlichen Grenzen bewusst wahrzunehmen und zu respektieren. Yogalehrerin Wytske Hoekstra, bei der ich jeden Sommer am Strand Yoga mache, sagt dort immer: „Hören Sie auf die Weisheit Ihres Körpers und nicht nur auf meine Stimme."

Machen Sie sich Notizen, wenn Sie möchten.

Grenzen spüren

Wenn Sie das Gefühl haben, Ihre Grenzen nicht zu spüren oder sie zu überschreiten, setzen Sie sich kurz hin und machen Sie eine Atempause. Machen Sie sich bewusst, dass Sie gerade dann leicht explodieren können, wenn Sie Ihre Grenzen nicht richtig spüren.

Überlegen Sie sich vorher, um welche Situationen es sich handelt, zum Beispiel: Wenn Sie Arbeit erledigen, von der Sie glauben, dass eigentlich Ihr Partner oder Ihre Kinder sie erledigen sollten; wenn Sie Ihren Kindern Dinge erlauben, die Sie gerne tun möchten, obwohl Sie eigentlich etwas anderes tun möchten; wenn Sie Ihrem Kind so lange bei den Hausaufgaben helfen, dass Sie nicht mehr dazu kommen, Ihre eigenen Sachen zu erledigen oder sich zu entspannen etc.

Überlegen Sie nach der Atempause, ob es etwas gibt, was Sie sagen oder tun wollen.

Sich Grenzen vorstellen

Setzen Sie sich auf ein Meditationskissen, einen Meditationsschemel oder auf einen Stuhl und nehmen Sie sich ein paar Minuten Zeit zu spüren, wo Ihr Körper in Kontakt mit dem Untergrund ist. Nehmen Sie Ihre Körperhaltung und Ihre Atmung wahr.

Erinnern Sie sich an eine Situation, in der Ihr Kind (oder Partner) Ihrem Gefühl zufolge eine Grenze überschritten hat und Sie dies einfach hingenommen haben. Es kann sich um eine einmalige Situation handeln oder um etwas, das regelmäßig geschieht. Einige Beispiele: Ihr kleines Kind fordert ständig Ihre Aufmerksamkeit ein, obwohl Sie gesagt haben, dass Sie nicht gestört werden wollen; Ihr Kind hat eine wahnsinnige Unordnung gemacht und weigert sich aufzuräumen; Ihr heranwachsendes Kind kommt viel zu spät nach Hause, ohne etwas von sich hören zu lassen, obwohl Sie gesagt haben, dass es sich melden sollte; Ihr Partner liest während des Essens mit der Familie Zeitung und Sie haben Ihn schon öfter gebeten, das nicht zu tun.

Rufen Sie sich das Problem oder die Situation so lebendig wie möglich vor Augen. Woran merken Sie, dass Ihre Grenze überschritten wird? Was spüren Sie in Ihrem Körper?

Warum ist es so schwierig, diese Grenze deutlich zu machen? Sehen Sie vielleicht auch einen Zusammenhang mit Ihrer eigenen Erziehung?

Was würden Sie jetzt tun wollen, da Ihnen bewusst ist, was Sie spüren, wenn Sie an eine Grenze kommen und wenn Sie Schwierigkeiten haben, diese Grenze deutlich zu machen? Probieren Sie es in Ihrer Vorstellung aus und betrachten Sie, wie sich das anfühlt. Schreiben Sie auf, was Sie tun möchten:

Hier die Aufzeichnungen einer Sozialarbeiterin aus einer Mindful-Parenting-Ausbildung:

Mein Partner liest am Tisch immer Zeitung, obwohl ich ihn gebeten habe, das nicht zu tun, da ich es wichtig finde, miteinander zu reden, wenn wir zu dritt sind (Vater, Sohn und ich). Dass dabei eine Grenze überschritten wird, spüre ich daran, dass jede Energie aus meinem Körper weicht. Ich fühle mich traurig, einsam und mache mir Gedanken darüber, wie das für meinen Sohn sein mag. Ich finde es schwierig, meine Grenze deutlich zu machen, weil ich denke, dass mein Partner bei der Arbeit so viel Stress hat, dass es wichtig für ihn ist, während des Essens zu lesen. Ich habe auch Angst, dass er wütend auf mich wird, wenn ich ihn schon wieder darum bitte, und dass mein Sohn sich erschrickt, wenn es dann Streit gibt. Mein Vater war beim Essen auch immer abwesend, sodass ich mich als Kind nicht beachtet gefühlt habe. Meine Mutter hat nie etwas dazu gesagt und wir Kinder auch nicht.

Ich werde, jetzt wo ich das alles verstehe, das Gespräch mit meinem Partner suchen (ohne meinen Sohn) und ihm erklären, wie ich mich fühle, wenn er Zeitung liest, wie ich mich früher gefühlt habe, wenn mein Vater so abwesend war, und welche Bedürfnisse ich habe, für mich und unsere Familie.

8 Schuldgefühle und Scham – Entschuldigung und Vergebung

> *In einem Experiment zeigte er das Wort „Schokoladenkuchen" einer Gruppe von Amerikanern und schrieb ihre Wortassoziationen auf. „Schuldgefühle" stand auf der Liste ganz oben. Wenn Sie meinen, das wäre nicht ungewöhnlich, sollten Sie sich die Antwort ansehen, die französische Esser auf die gleiche Aufforderung gegeben haben: „Fest".*
>
> MICHAEL POLLAN[88]

> *Schuldgefühle bedeuten, einen Fehler gemacht zu haben, Scham bedeutet, Unrecht zu haben.*
>
> BRENÉ BROWN[89]

Obwohl Eltern unendlich viel in ihre Kinder investieren, kämpfen sie oft mit Schuldgefühlen. Meine Mutter war immer in Eile, wenn sie nach Hause kam, nachdem sie den ganzen Tag gearbeitet hatte. Als Kind verstand ich diese Hektik nicht. Seit ich selber Kinder habe, verstehe ich es nur zu gut: Es ist das Schuldgefühl der arbeitenden Mutter. Der Gedanke, dass es eigentlich nicht in Ordnung ist, dass man gerne arbeiten möchte, um Geld zu verdienen, da eine (niederländische) Mutter doch bei ihrem Kind zu sein hat! Mit demselben Schuldgefühl bringen niederländische Mütter ihre Kinder morgens in den Kindergarten und holen sie dort abends wieder ab.

Genauso wie nicht in jeder Kultur der Verzehr von Schokoladenkuchen Schuldgefühle hervorruft, ruft es nicht in jeder Kultur Schuldgefühle hervor, die Kinder in den Kindergarten zu bringen oder sie der Fürsorge eines anderen zu überlassen. Dieses Schuldgefühl ist auch plötzlich nicht mehr da, wenn wir unsere Kinder in die Schule bringen, denn dann ist es eine gesellschaftliche Regel und nicht unsere eigene Entscheidung oder eine finanzielle Notwendigkeit. Eltern kämpfen mit Schuldgefühlen, weil sie geschieden sind und ihre Kinder zweimal in der Woche ihre Tasche packen müssen, weil sie dann in einem anderen Haus wohnen und weil sie in einer „unvollständigen“ oder „zerbrochenen“ Familie aufwachsen. Sie fühlen sich schuldig, weil sie nur ein Kind bekommen haben und dieses Kind so nicht die Erfahrung machen kann, mit Geschwistern wie in einem Rudel aufzuwachsen. Sie fühlen sich schuldig, weil sie depressiv waren und darum einen Teil der Entwicklung ihres Kindes nicht miterlebt haben. Sie fühlen sich jedes Mal schuldig, wenn sie die Narbe auf dem Körper ihres Kindes sehen, das von der Treppe gefallen ist, als sie sich gestritten haben.

Nachdem ich in den ersten Jahren als Mutter nicht dazu gekommen war, Sport zu machen, nahm ich das erste Mal wieder an einem Tennisturnier teil und meine noch sehr kleine Tochter ging mit ihrer Stiefschwester, dem Stiefopa und der Stiefoma zu einem Leichtathletikfest. Als meine Tochter mit ihrer Stiefschwester Fangen spielte, übersah sie beim Rennen einen Eisenpfahl und verlor drei Viertel ihrer beiden Vorderzähne, die gerade herausgekommen waren. Ich habe jahrelang kein Tennis mehr gespielt, denn wenn ich „nicht Tennis gespielt hätte, sondern mit zu dem Leichtathletikfest gegangen wäre, dann wäre das alles nicht passiert“. Dieses Phänomen heißt *hindsight bias*: Wenn wir vorher gewusst hätten, was passieren könnte, hätten wir alles anders gemacht.

Eltern neigen dazu, sich schuldig zu fühlen, wenn es um die Probleme ihres Kindes geht, selbst wenn sie diese auf keine Weise beeinflussen können. So scheinen Mütter von Kindern mit der Bluterkrankheit oder Hämophilie – einer recht seltenen Erbkrankheit, bei der aufgrund einer verminderten Blutgerinnung Blutungen in den Muskeln und Gelenken auftreten – nicht nur mehr elterlichem Stress ausgesetzt zu sein, sondern sie erleben auch mehr elterliche Schuldgefühle (und Scham).[90] Dasselbe gilt auch für Mütter von Jugendlichen, die sich selbst verletzen (zum Beispiel ritzen)[91], Mütter von autistischen Kindern[92] (obwohl wir wissen, dass Autismus zu 90 Prozent erblich ist), Kindern mit einem „schwierigen" Temperament[93] und Kindern mit Schlafproblemen.[94] In der Dokumentation *Wrong Time, Wrong Place* über das Attentat auf der norwegischen Insel Utøya 2011, bei dem ein Rechtsextremist 69 Jugendliche erschoss, die dort an einem internationalen Feriencamp teilnahmen, sprachen die russischen Eltern eines der Opfer über ihre Schuldgefühle, weil sie nicht dafür gesorgt hatten, dass ihre Tochter als Kind einen Schwimmkurs besuchte. Ihre Tochter wurde direkt am Wasser erschossen.[95] Elterliche Schuldgefühle sind also oft irrational und überzogen. Wir als Zuschauer dieser Dokumentation wissen sofort, dass diese Eltern keinerlei Schuld am Tod ihrer Tochter tragen.

Mütter haben stärkere Schuldgefühle als Väter.[96] Eine evolutionspsychologische Untersuchung an finnischen Müttern, die Texte über mütterliche Gefühle verfassten, die schwierig oder verboten waren, zeigt, dass Schuldgefühle entstehen, wenn Mutter und Kind unterschiedliche Interessen haben, über die sie verhandeln, aber auch durch den „Muttermythos", der behauptet, dass eine gute Mutter ununterbrochen, auf ewig, intensiv und in hoher Qualität für ihr Kind da sein muss.[97]

Können mütterliche Schuldgefühle auch eine nützliche Emotion sein? Ohne Empathie gibt es kein Schuldgefühl und Empathie ist eine wichtige Voraussetzung dafür, eine gute Mutter sein zu können. Schuldgefühle gehen einher mit ungerechtfertigtem oder falschem Verhalten (im Buddhismus spricht man vom „richtigen Handeln") und haben damit zu tun, dass man sich um jemand anderen sorgt, und damit, wie sehr dieser vom Verhalten anderer betroffen ist. Schuldgefühle bei Eltern können daher als Anwalt des Kindes betrachtet werden. Sie können sowohl die Eltern als auch das Kind gegen impulsive elterliche Aggression schützen, gegen Vernachlässigung, dagegen, dass ein Kind dem anderen vorgezogen wird. So oft ich auch meinen Schirm im Zug oder an der Bushaltestelle habe liegen lassen, mit meinen Babys ist mir das noch nie passiert. Schuldgefühle sind also hilfreich, wenn es darum geht, den Nöten des eigenen Kindes Beachtung zu schenken, das noch so verletzlich und abhängig ist.

Schuldgefühle dienen als Warnung, einem Impuls nicht einfach zu folgen (also die Schokolade nicht zu essen, das eigene Kind nicht unkontrolliert anzufahren, nicht zu lange auf dem Empfang zu bleiben, weil die Kinder zu Hause darauf warten, zusammen ins Restaurant zu gehen). Aber Schuldgefühle können auch als Selbstbestrafung dienen, wenn man dem Impuls gefolgt ist (die Schokolade gegessen hat, das Kind angeschrien hat, auf dem Empfang geblieben ist, während die Kinder … Ja, was eigentlich …? Sich den Bauch mit Chips und Cola vollschlagen, ewig vor dem Computer sitzen, sich streiten, spät ins Bett gehen – und wie schlimm ist das eigentlich?). Dass Strafe keine besonders effektive Methode ist, um Verhaltensänderungen herbeizuführen, ist eine der am besten untersuchten sozialwissenschaftlichen Erkenntnisse: Das Belohnen von erwünschtem Verhalten ist da ein viel schnelleres und weniger schmerzhaftes Vorgehen auf dem Weg zu einer Verhaltensänderung.

Selbstbestrafung als Folge von Schuldgefühlen ist auch aus einem anderen Grund keine effektive Methode, uns zu besseren Eltern zu machen. Wenn wir uns selber Vorwürfe machen, weil wir doch alles eigentlich ganz anders hätten machen müssen, werden wir auch den Menschen in unserer Umgebung eher Vorwürfe machen (Partner, Kinder). Und selbst wenn es uns gelingt, die geliebten Menschen nicht so zu bestrafen, wie wir uns selber bestrafen, werden unsere Kinder dieses selbstbestrafende Verhalten internalisieren. Der Umgang mit uns selber dient ihnen nämlich als inneres Arbeitsmodell dafür, wie sie mit sich selber umgehen. Und die Schuldgefühle, die wir aufgrund der Folgen empfinden, die unser Handeln für unsere Kinder hat, haben eine weitere unerwünschte Auswirkung auf die Erziehung. Eltern, die sich schuldig fühlen, werden alle möglichen kompensatorischen Verhaltensweisen entwickeln, um diese Schuld zu tilgen, womit sie sich und ihren Kindern keinen Gefallen tun, zum Beispiel werden sie ihre Kinder zu sehr verwöhnen und umsorgen und ihnen zu viel Verantwortung abnehmen.

Schuldgefühle aufgrund der Fehler, die wir als Eltern machen, können uns allerdings daran erinnern, aktiv zu werden, sich zum Beispiel zu entschuldigen und den Schaden wiedergutzumachen.[98]

Wir können die reale Schuld unseren Kindern gegenüber, die aus unserem Handeln entsteht, anerkennen und zwar nicht nur uns, sondern auch unserem Kind gegenüber. Denn unser Verhalten hat Konsequenzen, für die wir verantwortlich sind. Diese Verantwortung übernehmen wir, indem wir mit unseren Kindern darüber sprechen, uns für das Leid, das wir verursacht haben, entschuldigen (siehe hierzu auch Kapitel 5 über Streit und Wiedergutmachung), und manchmal auch, indem wir um Verzeihung bitten. Dadurch, dass wir unsere eigenen Fehler mit Selbstmitgefühl betrachten, uns verletzbar zeigen, über unsere eigenen Fehler sprechen und uns selber vergeben, lernen wir sehr viel mehr aus unseren Fehlern, als wenn wir uns selber bestrafen und isolieren.

Ob man nun viel oder wenig Schuld an einem bestimmten Geschehen trägt, die intensive Beschäftigung mit dieser Schuld in einer Meditation, vielleicht gefolgt von einem Gespräch (oder einem Brief), um sich dann selber zu vergeben, macht einen wieder frei, unbefangen Eltern sein zu können. Und auch die Beziehung wird so wieder frei und offen.

In dem Buch *Leven en dood van een dertienjarige* („Leben und Tod einer Dreizehnjährigen") schreibt ein Vater einen Brief an seine Tochter, Jahrzehnte nachdem sie sich als 13-Jährige das Leben genommen hatte.[99] Es ist ein Beispiel dafür, dass dies selbst posthum noch möglich ist. Dieser Vater schreibt nicht über seine frühere Frau, die Mutter seiner Tochter, nicht über die Sozialarbeiter oder Lehrer seiner Tochter, nicht über ihre Klassenkameraden und Freunde, nein, er schaut ganz genau hin, welche Signale er übersehen hat, wann er nicht dagewesen ist. Er bezeugt seine Schuld und bittet sich und seine Tochter um Vergebung.

Über die Rolle der Scham bei Eltern ist viel weniger bekannt als über Schuldgefühle. Wir schämen uns für das schlechte oder falsche Verhalten unseres Kindes, weil wir eine „geteilte Identität" besitzen. Wenn wir Kinder haben, wird unser Gefühl dafür, wer wir sind, unsere Identität, auch dadurch geprägt, wer unser Kind ist und wie gut wir als Eltern sind.[100] Darum beschäftigt es Eltern, was andere über ihre Kinder und über sie als Eltern denken. Ihnen ist aber normalerweise kaum bewusst, wie diese Scham sie als Eltern beeinflusst und dass sie, genau wie die Wut, zu reaktivem Elternverhalten führen kann. Wir können uns dafür schämen, wie unser Kind sich benimmt, was es leistet oder wie es aussieht, wie wir selber erziehen und wie die Familie funktioniert.

Wir untersuchten in unserem Labor, welche Rolle das, was man „fear of negative child evaluation" nennt, bei der Übertragung von sozialer Angst von einer Generation auf die nächste spielt.[101] Wir begleiteten 110 junge Elternpaare und ihr erstes Kind in einer Langzeitstudie von der Schwangerschaft an. Als das Baby vier Monate alt war, beantworteten beide Eltern eine Reihe von Fragen, in denen es darum ging, wie viel Angst sie hatten, dass ihr Baby von anderen negativ beurteilt werden könnte. Die möglichen Antworten lauteten zum Beispiel: „Ich mache mir keine Gedanken darüber, welchen Eindruck mein Kind auf andere macht" und „Ich habe Angst davor, dass andere mein Kind negativ beurteilen". Eltern, die sich häufig darüber Sorgen machten, was andere von ihnen denken, hatten auch Angst, dass ihr Baby negativ beurteilt werden könnte. Ihre Angst vor einer negativen Beurteilung ihres Kindes sagte nicht nur voraus, wie sozial ängstlich ihr Baby später werden würde, sondern auch, wie negativ und überbehütet sie ihr Kind erziehen würden. Man kann sich kaum vorstellen, dass Eltern Angst haben, dass ihr süßes, vier Monate altes Baby von der Umgebung negativ beurteilt werden könnte. Schließlich handelt es sich ja nicht um einen wilden, lauten Jungen, der seine Cola im Restaurant umwirft, oder um einen übelgelaunten, langsamen Jugendlichen, der sich dem Besuch nicht vorstellt.

In seinen autobiografisch inspirierten Romanen beschreibt Karl Ove Knausgård seine Scham darüber, wie chaotisch und unorganisiert seine Familie ist, und wie viel besser andere Familien zu funktionieren scheinen. Zum Beispiel, als seine Kinder bei einer Turbulenz im Flugzeug nicht aufhören zu weinen:

> Ich war schweißnass. Die Kinder waren gefangen, sie kamen nicht wieder heraus, und mir ging nur durch den Kopf, was die anderen Passagiere wohl dachten. Es war offensichtlich, dass wir schlechte Eltern waren, warum sollten unsere Kinder sonst so schreien? Sie hatten eine fürchterliche, traumatisierte Kindheit. Etwas *musste* nicht in Ordnung sein. Ich hatte noch *nie* andere Kinder gesehen, die sich öffentlich so aufführten.[102]

Wenn Kinder anders sind als andere Kinder, zum Beispiel weil eine bestimmte psychische Diagnose bei ihnen gestellt wurde, wie ADHS, Autismus oder eine Angststörung, weil sie hoch- oder minderbegabt sind oder weil sie eine körperliche Einschränkung – wie zum Beispiel eine Lippenspalte – haben, kann Scham Eltern im Weg stehen. Statt sich ernsthaft mit dem Problem des Kindes auseinanderzusetzen und sich um die Dinge zu kümmern, die das Kind benötigt, um optimal funktionieren zu können, regen Eltern sich darüber auf, was andere von ihrem Kind halten und verfallen in ein reaktives oder negatives Elternverhalten, da ihr Kind dem gerecht werden soll, von dem die Eltern annehmen, dass es andere von ihm erwarten.

(Realistische) Schuldgefühle können sich positiv auf das elterliche Verhalten auswirken, Scham dagegen scheint negative Auswirkungen zu haben. Schuldgefühle wecken den Wunsch in uns, etwas in das Kind zu investieren, uns zu entschuldigen und etwas wiedergutzumachen, um uns so mit unserem Kind zu verbinden. Scham dagegen bewirkt, dass wir uns von dem Geschehen, dass dieses Schamgefühl hervorruft, isolieren. Wenn unser Kind etwas tut, wofür wir uns schämen, neigen wir dazu, uns sowohl von unserem Kind zu distanzieren als auch von den Menschen, die davon Kenntnis haben.[103]

Scham kann auch feindselige Wut und Vorwürfe nach sich ziehen und so zu reaktivem Elternverhalten führen.[104] Marchelle Scarnier und ihre Kollegen untersuchten die Auswirkungen von Schuld- und Schamgefühlen auf das Elternverhalten.[105] Sie baten 93 Eltern, sich an das schlechteste Verhalten zu erinnern, das ihr Kind zwischen 3 und 18 Jahren an den Tag gelegt hatte. Dabei konnte es sich um ein einmaliges Geschehen oder ein bestimmtes Verhalten handeln, das ihr Kind häufiger zeigte. Eltern nannten folgende Beispiele: physische oder verbale Gewalt ihres Kindes anderen gegenüber, Wutanfälle, Sex, Alkoholkonsum, von zu Hause fortlaufen, lügen, stehlen, Vandalismus, schlechte Noten, ungemachte Hausaufgaben usw. Die Eltern sollten anschließend angeben, wie sie sich gefühlt hatten (Scham und Schuldgefühle waren dabei mögliche Antworten) und wie sie reagiert hatten. Scham und Schuldgefühle waren beide mit dem Wunsch assoziiert, den Schaden, der durch das Verhalten der Kinder entstanden war, wiedergutzumachen, nur die Scham löste den Wunsch aus, sich zurückzuziehen, im Boden zu versinken, und führte zu Vermeidungsverhalten der Eltern.

In einem zweiten Experiment wurden 123 Eltern gebeten, sich eine Szene vorzustellen, in der ihr Kind das Nachbarskind, mit dem es spielt, schlägt, wobei die Nachbarin diese Szene beobachtet. Auch hier schienen Schuldgefühle dazu zu führen, das Kind adäquat zu disziplinieren, während Scham (und Wut) mit überreaktivem Elternverhalten einherging(en). Schuldgefühle helfen Eltern also eher als Scham, das Verhalten ihrer Kinder auf eine angemessene Weise zu korrigieren.

In der achtsamen Erziehung geht es darum, sich stets aufs Neue bewusst zu machen, welche Gefühle das Verhalten des Kindes und das eigene Verhalten in der Erziehung hervorrufen. Wenn Sie sich eine dreiminütige Atempause nehmen, nachdem sich Ihr Kind falsch verhalten hat, oder wenn Sie eine längere Meditation über Ihr Kind, die Beziehung zu Ihrem Kind und Ihr Verhalten als Mütter oder Vater in den Tag einplanen, bekommen Sie Einblick in Ihre Emotionen, sodass Sie überreaktivem Elternverhalten entgegenwirken können. Es ist wichtig, sich darüber bewusst zu werden, dass wir von „parental experiential avoidance" angetrieben werden, der Tendenz, negative Emotionen, die unser Kind in uns hervorruft, zu vermeiden. Und reaktives Elternverhalten hat genau diese Funktion, denn wenn wir wütend auf unser Kind werden, fühlen wir die Scham über das Verhalten unseres Kindes nicht mehr. Wenn wir aber lernen, mit den negativen Emotionen „zu sein", die im Kontakt mit unserem Kind entstehen, inklusive Schuld- und Schamgefühlen, und wenn wir die Auswirkungen dieser Emotionen auf unser Verhalten genau in Augenschein nehmen, können wir zu den Eltern werden, die wir sein wollen.

Ein eigenes Meditationsprogramm

Sie haben inzwischen bereits viele verschiedene Meditationen kennengelernt: Meditationen über die Atmung, den Körper, Geräusche, Gedanken, den Bodyscan, den Drei-Minuten-Atemraum, die visuelle Meditation, die Laufmeditation, die Meditation zu beliebigen Wahrnehmungen, das Selbstmitgefühl, die liebevolle Freundlichkeitsmeditation und Yoga oder achtsame Bewegungsübungen.

Welche Meditation oder Kombination aus Meditationen möchten Sie in dieser Woche durchführen? Machen Sie sich einen Plan, überlegen Sie, wie lange Sie meditieren möchten, ob Sie täglich meditieren wollen (oder auch öfter oder seltener).

Schuldgefühle, Scham und Wiedergutmachung

Gibt es etwas, das Schuldgefühle in Ihnen auslöst oder für das Sie sich als Eltern schämen? Es kann sich um etwas Kleines oder Großes handeln. Wie beeinflusst dieses Schuldgefühl Ihr Elternverhalten, im positiven wie im negativen Sinn? Gibt es etwas, für das Sie sich entschuldigen möchten und/oder etwas, das Sie auf eine andere Art und Weise wiedergutmachen möchten, weil Sie Schuld oder Scham empfinden? Machen Sie sich Notizen oder meditieren Sie darüber.

Nehmen Sie sich Zeit, bevor Sie die Wiedergutmachung in die Tat umsetzen. Sprechen Sie zum Beispiel erst mit Ihrem Partner oder einer Freundin darüber. Eine bewusste, gut durchdachte Wiedergutmachung ist nämlich viel effektiver für die Beziehung als eine schnelle Reaktion. Es kann auch sein, dass Sie sich selber etwas verzeihen müssen, was Sie falsch gemacht haben, zum Beispiel, indem Sie einen gefühlvollen Brief an sich selbst schreiben. Wenn es um etwas geht, wofür Sie sich schämen, überlegen Sie, ob es andere Eltern gibt, die vergleichbare Gefühle haben, und verbinden Sie sich mit ihnen. Schenken Sie sich selber Mitgefühl, zum Beispiel indem Sie die Hand auf Ihr Herz legen.

9 Liebe macht blind – Verleugnung und Akzeptanz

Gib mir die Gelassenheit, Dinge hinzunehmen, die ich nicht ändern kann, den Mut, Dinge zu ändern, die ich ändern kann, und die Weisheit, das eine vom anderen zu unterscheiden.

GELASSENHEITSGEBET, REINHOLD NIEBUHR[106]

Eines der befriedigendsten Gefühle, die ich kenne – und gleichzeitig eines der wachstumsfördernsten Erlebnisse für den anderen -, habe ich, wenn ich einen anderen auf dieselbe Weise genieße wie zum Beispiel einen Sonnenuntergang. Menschen sind genauso wundervoll wie ein Sonnenuntergang, wenn ich sie sein lassen kann. Ja, vielleicht bewundern wir einen Sonnenuntergang gerade deshalb, weil wir ihn nicht kontrollieren können. Wenn ich einen Sonnenuntergang betrachte, wie ich es vor ein paar Tagen tat, höre ich mich nicht sagen: „Bitte das Orange etwas gedämpfter in der rechten Ecke und etwas mehr Violett am Horizont und ein bisschen mehr Rosa in den Wolken." Das mache ich nicht. Ich versuche nicht, einem Sonnenuntergang meinen Willen aufzuzwingen. Ich betrachte ihn mit Ehrfurcht.

CARL ROGERS[107]

Wenn Ihr Kind blind geboren wird, werden Sie einen Trauerprozess durchleben, da Ihrem Kind etwas fehlt, weil dies Folgen für Sie und Ihre Familie haben wird, weil Ihnen als Eltern und als Familie durch die Beeinträchtigung Ihres Kindes etwas fehlen wird. Und Sie werden Ihr Haus und Ihr Leben an die Beeinträchtigung Ihres Kindes anpassen. Wenn Ihr blindes Kind gegen etwas stößt, werden Sie nicht sagen: „Kannst du nicht aufpassen?“, weil Sie wissen, dass Ihr Kind nicht sehen kann. Wenn ein Kind allerdings eine weniger sichtbare Beeinträchtigung hat, wie zum Beispiel ADHS, neigen wir dazu zu sagen: „Denk doch mal nach“, „Pass doch auf“, „Bleib doch mal still sitzen“, obwohl wir wissen, dass jemand mit ADHS gerade damit ein Problem hat. Bei einem Kind mit Autismus seufzen wir: „Mach doch einfach mal mit“, „Pass dich doch mal an“, „Denk doch auch mal an die anderen“, obwohl gerade das für dieses Kind so schwierig ist.

Wenn wir die Beeinträchtigung unseres Kindes, falls diese vorhanden ist, oder die Unvollkommenheit unseres Kindes, die immer vorhanden ist, wirklich akzeptieren wollen, setzt das voraus, dass wir darüber trauern, was das Kind nicht oder nicht mehr tun kann, was wir als Eltern vermissen werden, wie die Eltern-Kind-Beziehung nicht sein wird, wie die Familie nicht sein wird. Wir müssen dahin kommen, das wahre Wesen und die wahre Verfassung unseres Kindes zu sehen. Erst wenn wir die Beeinträchtigung oder Unvollkommenheit unseres Kindes sehen können, können wir ihm dabei helfen, das zu erhalten, was es braucht, um sich zu entwickeln und ein würdiges Leben zu führen.

Als ich drei Monate im „Babylab“ von Lynn Murray, Entwicklungspsychologin und Professorin an der Universität Reading, verbringen durfte, erzählte sie mir von ihrer Studie über Kinder, die mit einer Lippenspalte (Cheiloschisis) geboren worden waren.[108]

Es ist ethisch nicht vertretbar, Kindern Dinge über längere Zeit vorzuenthalten, von denen wir annehmen, dass sie sie benötigen (wie die Aufmerksamkeit der Eltern), oder sie über einen längeren Zeitraum Dingen auszusetzen, von denen wir annehmen, dass sie schädlich sind (wie elterlicher Stress). Diese Tatsache stellt eine der größten Herausforderungen dar, wenn man die langfristigen Auswirkungen dieser Einflüsse wissenschaftlich untersuchen möchte.

Aus diesem Grund wissen wir zum Beispiel immer noch nicht, welche Langzeitfolgen Methylphenidate für Kinder mit ADHS haben (der Wirkstoff in den Medikamenten, die inzwischen von ungefähr fünf Prozent aller Kinder in den Niederlanden eingenommen werden). Um dies zu überprüfen, müsste nach dem Zufallsprinzip (durch Los) entschieden (randomisiert) werden, ob Kinder mit ADHS Medikamente erhalten oder nicht, um anschließend zu untersuchen, wie es ihnen ein halbes Leben später geht. Wir betrachten es aber als unethisch, Kindern ein halbes Leben lang eine potenziell wirksame Behandlung vorzuenthalten, und zwar zu Recht. Wenn wir aber zwei natürliche (nicht randomisierte) Gruppen von Kindern über diese lange Zeit beobachten, wissen wir nie mit Sicherheit, ob die Unterschiede in diesen beiden Gruppen ein halbes Leben später nicht durch andere Faktoren erklärt werden können. Eltern, die nicht wollen, dass ihre Kinder Medikamente bekommen, können nämlich auch in anderer Hinsicht unterschiedlich sein: Sie haben zum Beispiel weniger hohe Anforderungen an ihr Kind, essen gesünder, bewegen sich mehr, haben größere Schwierigkeiten, die Diagnose ADHS zu akzeptieren etc.

Aus diesem Grund sind natürliche Experimente eine gute Alternative zu künstlich aufgesetzten. Bei einem natürlichen Experiment geht man davon aus, dass es dem Zufall unterliegt, ob eine Person gerade in der Verfassung A oder B ist. Es gleicht also in dieser Hinsicht den randomisierten Zuteilungen in echten Experimenten.

Lynn Murray befasste sich mit dem folgenden natürlichen Experiment: In Krankenhaus A und B in England werden Kinder mit einer Lippenspalte kurz nach der Geburt operiert, während dies in Krankenhaus C und D erst drei oder vier Monate nach der Geburt geschieht. Ob Eltern in das Krankenhaus A oder B bzw. C oder D gehen, entscheidet die Nähe zum Wohnort und alle Krankenhäuser befinden sich in vergleichbaren Einzugsgebieten, also unterliegt es mehr oder weniger dem Zufall, für welches Krankenhaus sich die Personen entscheiden. Lynn Murray untersuchte, wie sich die Beziehung zwischen Mutter und Baby in der Gruppe mit den früh und den spät operierten Babys entwickelte. Mütter, deren Babys direkt nach der Geburt operiert worden waren, blickten ihr zwei Monate altes Baby aufmerksamer, einfühlsamer und bezogener an als Mütter, deren Baby spät operiert worden war. Diese Mütter schauten von ihrem Kind weg und waren weniger aufmerksam, was die Signale ihres Babys betraf. Die Babys, die spät operiert worden waren, schauten mit zwei Monaten auch ihre Mutter seltener an und waren stärker gestresst. Bei einer Untersuchung mit 18 Monaten wiesen die spät operierten Babys im Vergleich zu den früh operierten Babys eine kognitive Entwicklungsverzögerung auf. Diese Verzögerung wurde durch die geringere Einfühlsamkeit, die weniger positive Bezogenheit und den selteneren Blickkontakt der Mütter mit ihrem noch nicht operierten zwei Monate alten Baby erklärt. Das Wegschauen ist eine Metapher für das Nichtakzeptieren der Beeinträchtigung des Kindes: Man möchte es nicht sehen, es ist zu schwierig, es ist zu schmerzlich und das geht auf Kosten der Aufmerksamkeit, die für das Kind aufgebracht wird, und auf Kosten der Verbindung, die zu ihm aufgebaut wird (und letztendlich auf Kosten der Beziehung des Kindes zu sich selbst). Die Lösung scheint in diesem Fall einfach zu sein (früh operieren), doch bei anderen physischen oder mentalen Einschränkungen ist das viel schwieriger. Hier liegt der Schlüssel darin, nicht wegzuschauen!

Dieses Wegschauen, weil unser Kind nicht perfekt ist – im wörtlichen oder im übertragenen Sinn –, lässt sich mit dem Konzept der „parental experiential avoidance“[109] erklären. Wir neigen dazu, negative Gefühle wie Scham, Schuld, Trauer, Schmerz, Angst, Wut, Neid, Langeweile nicht fühlen zu wollen, sie von uns wegzuschieben, während wir positive Gefühle wie Freude, Liebe, Glück, Genuss festzuhalten versuchen, wir klammern uns daran. Der buddhistischen Lehre zufolge ist dies der

Kern des menschlichen Leidens: an dem festhalten, was wir als angenehm empfinden, und das vermeiden, was wir als unangenehm empfinden.

Warum finden wir einen Strauß echter Blumen so viel schöner als einen Strauß Plastikblumen? Wenn wir die echten Blumen anschauen, wissen wir, dass sie in einer Woche verwelkt sein werden, und so können wir sie umso mehr genießen. Sie sind vergänglich, wir können die Blumen nicht festhalten, wir werden sie loslassen müssen. Die Aussage „Auch das geht vorbei", war für mich immer sehr tröstlich. In welcher Situation ich mich gerade auch befinde, in einem sich hinziehenden Konflikt an der Arbeit, wenn ich von einem Geliebten verlassen worden bin, ein Umbau aus dem Ruder gelaufen ist, ein Kind ein gesundheitliches Problem hat, all das wird vorbeigehen, in jedem Fall aber wird sich mein heutiges Leid darüber verändern.

Equanimity, Gleichmütigkeit, gegenüber positiven wie negativen Dingen, die sich in unserem Leben und im Leben unserer Kinder nicht vermeiden lassen, ist hilfreich, wenn es darum geht, unser Leiden zu verringern und achtsames Elternverhalten zu kultivieren. Der Begriff *equanimity* stammt vom lateinischen *aequanimitas*, der sich aus den beiden Komponenten *aequus*, gelassen, ruhig, und *animus*, der Geist, zusammensetzt. Wir sollten alle Erfahrungen willkommen heißen, die negativen wie die positiven. Wir sollten alle „negativen" Gefühle wie Stress, Schuld, Scham, Angst, Langeweile, Trauer und Wut ganz bewusst erleben (auch auf körperlicher Ebene), statt sie zu vermeiden oder zu betäuben. Und es gibt viele Möglichkeiten, unsere Gefühle zu betäuben: mit Alkohol, Essen, harter Arbeit, Sport, Gaming, indem wir ständig unter Menschen sind. Negative Gefühle willkommen zu heißen, damit wir die Dinge genau so sehen können, wie sie sind, und sie zu akzeptieren, statt dagegen anzukämpfen, können wir unser ganzes Leben lang üben – auch in unserer Rolle als Eltern. Akzeptieren bedeutet nicht, passiv mit den Schultern zu zucken, sondern sich aktiv darauf zuzubewegen, es vollständig wahrzunehmen. Denn das Paradoxe ist, dass wir etwas erst verändern können, wenn wir es akzeptieren und loslassen.

Als Mindful-Parenting-Anleiterin im jugendpsychologischen Gesundheitsumfeld sehe ich viele Eltern, deren Kind eine psychische Erkrankung hat. Es kann sich dabei um ADHS, Autismus, eine Angststörung, Depressionen, eine bipolare Störung, Verhaltensauffälligkeiten, Essstörungen, somatische Erkrankungen, Abhängigkeiten oder Bindungsstörungen handeln. Mindful-Parenting-Kurse können auch im medizinischen Umfeld sinnvoll sein, zum Beispiel für Eltern von Kindern mit einer Krebserkrankung, chronischen Schmerzen, Autoimmunerkrankungen, körperlichen Beeinträchtigungen oder auch für Eltern von Kindern mit Transgenderfragestellungen o.ä. Für alle diese Problemstellungen lässt sich statistisch gesehen auf einer Skala angeben, wie veränderbar, vorübergehend oder bleibend sie sind. Wenn Eltern jedoch mit einer dieser Erkrankungen bei ihrem Kind das erste Mal konfrontiert werden, kann es in diesem Einzelfall zunächst vollkommen unklar sein, wie veränderbar die Erkrankung ist und wie die Situation in fünf oder zehn Jahren aussehen wird. Die Unvorhersagbarkeit und die Hoffnung auf Heilung machen die Trauer über die jetzige Situation, über die Diagnose, die gerade gestellt wurde, komplex: Soll ich innehalten und trauern oder soll ich alles tun, was in meinen Möglichkeiten steht, um die Erkrankung zu heilen?

Die fünf Phasen der Trauer, wie sie von Kübler-Ross beschrieben werden – Leugnung, Wut, Verhandlung, Depression, Akzeptanz –, werden dann ein oder mehrere Male durchlaufen, abhängig vom Zustand des Kindes.[110] Es sei denn, die Eltern halten daran fest, bestimmte Gefühle gar nicht erst zuzulassen. Und es gibt noch andere Gefühle als Wut und Trauer, zum Beispiel Angst und Scham, Schuldgefühle, die durch die Frage ausgelöst werden, ob die Eltern die Situation hätten verhindern können, oder eine Überlebensschuld, weil die Eltern nicht selber in dieser Situation sind (siehe Kapitel 8 über Schuldgefühle und Scham). Die Fähigkeit, mit all diesen intensiven Gefühlen „sein" zu können, auf einem Kissen zu sitzen und zu sich selber zu sagen: „Kommt nur, ich bin bereit", ist die harte Arbeit im Mindful-Parenting, die zur Akzeptanz der gegenwärtigen Situation führen wird. Gerade diese Akzeptanz hilft Eltern, für die Bedürfnisse ihres Kindes offen zu sein.

Eine Mutter in einer Mindful-Parenting-Gruppe erzählte, dass bei ihr ein Knoten in der Brust festgestellt worden war und ihre Mutter Brustkrebs gehabt hatte. Als sie ihre Mutter anrief, um ihr davon zu erzählen, reagierte die mit den Worten: „Kind, das kann ich jetzt gar nicht gebrauchen!" Welche Explosion von Gefühlen muss die besorgniserregende Mitteilung bei der Mutter ausgelöst haben. War es vielleicht der Versuch, all diese Gefühle durch diese zumindest ungeschickte Reaktion von sich fernzuhalten? Wie wäre es gewesen, wenn sie gesagt hätte: „Kind, ich brauche eine halbe Stunde, um das zu verarbeiten, dann rufe ich dich zurück", und wenn sie sich wirklich hingesetzt und zu sich selber gesagt hätte: „Es ist in Ordnung, ich möchte es spüren!"? Dann wäre dieser Mutter wahrscheinlich bewusst geworden, wie schwierig es für sie ist, ihre Tochter leiden zu sehen, und sie hätte sehen können, dass die Mitteilung ihrer Tochter bei ihr Gefühle der Angst, Scham und Ohnmacht über ihren eigenen Brustkrebs hervorgerufen haben. Wenn sie all diese Gefühle wahrgenommen und sie hätte stehenlassen können, wäre ganz von alleine etwas in ihr aufgekommen, was sie mit ihrer Tochter hätte teilen können, wodurch die sich gesehen und in ihrem Leiden von ihrer Mutter unterstützt gefühlt hätte.

„Parental experiential avoidance" spielt sich auf verschiedenen Ebenen ab. Das möchte ich an einem Beispiel zeigen, das nicht so schwerwiegend ist wie eine ernsthafte Erkrankung:

Stellen Sie sich vor, Ihr Kind steht zum x-ten Mal aus dem Bett auf, weil es nicht schlafen kann. Es fühlt sich schlecht und macht sich Gedanken darüber, dass es schon wieder nicht einschlafen kann und sich deshalb am nächsten Tag wieder schrecklich müde fühlen wird. Auf einer ersten Ebene der „parental experiential avoidance" möchten Sie als Mutter/Vater nicht, dass Ihr Kind sich im Bett herumwälzt und sich Gedanken darüber macht, dass es am nächsten Tag zu müde ist. Sie wollen, dass es glücklich und zufrieden und fit ist. Sie hätten gerne einen Zauberstab, mit dem Sie Ihr Kind zum Schlafen bringen und all die negativen Gefühle und Konsequenzen für Ihr Kind wegzaubern könnten.

Auf einer zweiten Ebene der „parental experiential avoidance" geht es um die Gefühle und Folgen des Geschehens für Sie. Stress und Verärgerung kommen auf, weil Sie heute Abend noch so viel Arbeit zu erledigen haben, die Sie nicht schaffen, wenn Sie sich ständig um Ihr Kind kümmern müssen. Enttäuschung stellt sich ein, weil Ihr Kind nicht so gut schläft wie andere Kinder (zumindest denken Sie das); Erschöpfung, weil Sie auch einen anstrengenden Tag hinter sich haben und Zeit für sich selber brauchen; Sorgen und Angst vor den Folgen, die der schlechte Schlaf für Ihr Kind haben wird, davor, dass es deshalb nicht so gut in der Schule sein wird; Scham gegenüber dem Lehrer, wenn er Ihr Kind so unausgeschlafen in der Schule sitzen sieht, denn der Lehrer wird sicher glauben, dass Sie Ihr Kind nicht rechtzeitig ins Bett schicken; Traurigkeit, weil Sie von sich selber denken, dass Sie eine schlechte Mutter sind, die Ihr Kind nicht zum Einschlafen bringen kann; Wut, weil Ihr Hausarzt das Schlafproblem nicht ernst nimmt und Sie damit alleine lässt etc.

Als Eltern neigen wir dazu, unangenehme Gefühle zu vermeiden. Wir wollen dem Kind keine unangenehmen Gefühle zumuten und gehen auch den vom Kind ausgelösten unangenehmen Gefühlen bei uns selbst aus dem Weg. Vielleicht schicken Sie Ihr Kind also wütend ins Bett oder Sie geben Ihre Pläne für den Abend auf und legen sich zu Ihrem Kind ins Bett, weil es dann sofort einschläft. Diese elterlichen Reaktionen können im Zeichen der Vermeidung von unangenehmen Gefühlen beim Kind und bei Ihnen selber stehen. Was würde geschehen, wenn Sie bei dem stillstehen (sitzen), was Sie fühlen, wenn Ihr Kind nicht schlafen kann und wieder aufsteht? Was, wenn Sie jedes Mal eine Atempause machen, wenn das Kind zu Ihnen kommt, Ihren Körper spüren, Ihre Atmung? Wenn Sie sich all der verschiedenen Gefühle, Gedanken, Sorgen und Reaktionen bewusst werden, die in Ihnen aufsteigen, wenn Ihr

Kind wieder aufsteht? Und wenn Sie dann zu sich selber sagen: „Es ist in Ordnung, ich möchte es spüren!" Dies ist der erste Schritt zu akzeptieren, dass Ihr Kind sich so fühlt, wie es sich gerade fühlt, und Sie sich so fühlen, wie Sie sich gerade fühlen. Und diese Akzeptanz verschafft Ihnen Raum, eine bewusste Entscheidung darüber zu treffen, wie Sie mit dem Verhalten Ihres Kindes umgehen.

Mit welchem Charakterzug Ihres Kindes Sie auch kämpfen – Schlafproblemen, Wutanfällen, der Weigerung während der Mahlzeiten zu essen, nicht sauber zu werden, zu naschen, obwohl es schon übergewichtig ist, die Schule zu schwänzen, nur noch hinter dem Computer zu sitzen, nicht verlieren zu können, Bruder oder Schwester zu ärgern, zu kreischen, wenn Sie seine Haare kämmen wollen, nicht aufzuräumen, zu viel zu trinken, die Hausaufgaben nicht zu machen etc. –, werden Sie sich Ihrer eigenen emotionalen und körperlichen Reaktionen bewusst, wenn dieser Charakterzug sichtbar wird, beobachten Sie ganz genau, was mit Ihnen geschieht. Wogegen wehren Sie sich? Was dürfen Sie nicht fühlen? Lenken Sie Ihre Aufmerksamkeit noch ein Stückchen näher zu diesen Gefühlen und körperlichen Reaktionen hin, statt sich von ihnen zu entfernen. Machen Sie eine Atempause. Schenken Sie sich selber Mitgefühl, wenn Sie das angenehm finden. Denken Sie dabei an das Gelassenheitsgebet: „Gib mir die Gelassenheit, Dinge hinzunehmen, die ich nicht ändern kann, den Mut, Dinge zu ändern, die ich ändern kann, und die Weisheit, das eine vom anderen zu unterscheiden."

Aber auch wenn ein Verhalten veränderbar ist, der Ausgangspunkt ist derselbe. Es geht darum zu akzeptieren, dass es *im Moment* eben so ist, wie es ist. Meditationslehrer Thich Nhat Hanh nennt dies „the suchness of things" („das Sosein der Dinge").

Wenn Sie nach einem anstrengenden Arbeitstag nach Hause kommen und Sie finden das Haus, das Sie morgens so wunderbar aufgeräumt zurückgelassen haben, in einem großen Chaos vor, dann setzen Sie sich mitten in dieses Chaos, schauen Sie sich um, nehmen Sie alles aufmerksam in sich auf, spüren Sie, was in Ihrem Körper vor sich geht. Was spüren Sie? Was geschieht in Ihrem Körper? Welche Handlungsimpulse verspüren Sie? Betrachten Sie das Haus genau so, wie es gerade ist. Sagen Sie zu sich selber: „Ich möchte es spüren." Erst dann, wenn Sie sich der Situation und Ihrer eigenen emotionalen Reaktion bewusst sind, entscheiden Sie, was Sie tun wollen. Ob Sie nun dennoch wütend werden (aber dann bewusst, pädagogisch), genaue Anweisungen geben, was Sie von wem beim Aufräumen erwarten, selber bewusst aufräumen oder alles so lassen – jetzt ist es eine Entscheidung, die Sie bewusst treffen, nachdem Sie die Situation und Ihren eigenen Gemütszustand wahrgenommen haben.

Manchmal stehen Eltern vor viel schwierigeren Situationen, und auch sie müssen lernen, diese zu akzeptieren. Vielleicht hat ihr Kind eine chronische oder degenerative Erkrankung; muss stationär behandelt und über eine Sonde ernährt werden, weil es sich zu Tode hungert; ist ihr Kind abhängig und will nicht behandelt werden; will ihr Kind nicht mehr bei ihnen wohnen; ist es eine Gefahr für andere und muss in einer geschlossenen Einrichtung behandelt werden; will nicht mehr leben oder ist auf der Flucht gestorben. In Ihrer Meditation können Sie an diese Eltern denken und ihnen Kraft und Trost wünschen oder was sonst in Ihnen aufkommt.

ÜBUNGEN

Gleichmut

Üben Sie sich in Gleichmut gegenüber dem Wetter. Wenn Sie frühmorgens das Haus verlassen, betrachten Sie den Himmel, spüren Sie die Temperatur, die Luftfeuchtigkeit, nehmen Sie wahr, was Regen und Sonne mit Ihnen machen – mit Gleichmut. Sie fühlen den Wind im Gesicht, den Regen auf den Wangen, die Sonne auf Ihrem Kopf? Wie bewegen sich die Wolken, wie viele Grautöne hat der Himmel? Wie bewegt der Wind die Bäume? Beobachten Sie auch Ihre Körperhaltung: Wenn Sie bemerken, dass Sie sich verkrampfen, weil es regnet und kalt ist, öffnen Sie sich dem Regen und der Kälte, heißen Sie sie willkommen, genau wie die Sonne.

Üben Sie sich nun in demselben Gleichmut gegenüber den Stimmungen oder dem Verhalten Ihres Kindes. Wenn Ihr Baby also langanhaltend schreit, Ihr Kind einen Wutanfall hat, oder der Jugendliche die ganze Zeit herummeckert, dann beobachten Sie Ihr Kind mit voller Aufmerksamkeit, heißen Sie die Stimmung Ihres Kindes willkommen, betrachten Sie, was sie in Ihnen bewirkt, ohne Urteil, und sagen Sie sich zum Beispiel diesen Satz: „Auch das geht vorbei." Betrachten Sie es auch mit Gleichmut, wenn Ihr Kind in einer unglaublich guten Stimmung ist, beobachten Sie, wir Ihr Kind dann aussieht, wie es sich verhält, was das in Ihnen bewirkt, und sagen Sie sanft und freundlich „Danke" zu sich selber, seien Sie dankbar, dass Sie dies erleben dürfen, in dem Wissen, dass auch dies wieder vorübergeht.

Mit schwierigen Gefühlen dasitzen (Audiodatei Nr. 8)

Mit schwierigen Gefühlen einfach dazusitzen, kann eine recht herausfordernde Art der Meditation sein, gerade weil der Fokus ein schwieriges Gefühl oder eine schwierige Situation ist. Sie können selber entscheiden, für welches schwierige Gefühl oder welche schwierige Situation von mehr oder weniger starker Intensität Sie sich entscheiden: Die Vorstellung, dass Sie erschöpft nach Hause kommen und die Kinder die Waschmaschine noch nicht ausgeräumt haben (oder etwas Vergleichbares), kann am Anfang schon schwierig genug sein! Machen Sie die Übung einige Male, zum Beispiel jeden Tag in der kommenden Woche. Begleitend können Sie die Audiodatei Nr. 8 (10 Minuten) oder den folgenden Text einsetzen, stellen Sie sich in diesem Fall einen Wecker, der nach 10 Minuten klingelt:

Nehmen Sie eine sitzende Meditationshaltung ein. Lassen Sie sich Zeit, genau wahrzunehmen, wo Ihr Körper im Kontakt mit dem Untergrund ist, wie Ihr Atem durch den Körper strömt und wie Sie sich fühlen.

Wenn Sie angekommen sind, lassen Sie eine Situation in sich aufsteigen, in der Sie Stress hatten oder die negative Gefühle in Ihnen hervorgerufen hat, zum Beispiel etwas aus Ihrem Alltag als Eltern. Vielleicht wollte ein Lehrer einen Termin mit Ihnen machen, weil etwas mit Ihrem Kind nicht so läuft, wie es sollte, oder Ihr Kind hatte einen Wutanfall oder ist mit einem schlechten Zeugnis nach Hause gekommen. Stellen Sie sich die Situation so lebendig wie möglich vor, indem Sie sich fragen: „Wo war ich? Mit wem war ich dort? Was geschah dort? Was taten oder sagten der andere oder die anderen? Was tat oder sagte ich?"

Fragen Sie sich auch: „Wie fühlte ich mich in dieser Situation? Was ging in meinem Körper vor? Welche Gefühle hatte ich?"

Richten Sie Ihre Aufmerksamkeit jetzt auf Ihren Körper, so wie Sie gerade hier sitzen. Was nehmen Sie in Ihrem Körper wahr? Eine Anspannung oder ein anderes Gefühl? Spüren Sie ganz genau, was in Ihrem Körper geschieht. Beleuchten Sie es mit dem Licht Ihrer Aufmerksamkeit. Sagen Sie sich: „Es ist in Ordnung, ich möchte es spüren!" Nähern Sie sich noch ein wenig mit Ihrer sanften Aufmerksamkeit, nähern Sie sich Ihren Gefühlen. Lassen Sie es so, wie es ist, ohne Urteil. Vielleicht können Sie zu der Stelle hinatmen, an der Sie die Anspannung oder das Unwohlsein in Ihrem Körper wahrnehmen – ein und aus. Jedes Mal, wenn Sie feststellen, dass Sie sich mit Ihrer Aufmerksamkeit von den Gefühlen des Stresses, der Anspannung, dem Unwohlsein oder dem Schmerz entfernen, bewegen Sie Ihre Aufmerksamkeit wieder zu diesem Punkt zurück.

Wenn diese Übung Sie zu sehr überwältigt, können Sie jederzeit wieder dazu zurückkehren, den Kontakt Ihres Körpers mit dem Untergrund zu spüren, können Sie den sanften Rhythmus Ihrer Atmung wahrnehmen. Wenn Sie wieder einigermaßen angekommen sind, können Sie Ihre Aufmerksamkeit erneut auf das schmerzliche, angespannte, unangenehme Gefühl richten.

Wenn Sie wollen, können Sie sich auch selber Mitgefühl schenken, während Sie mit diesen schwierigen Gefühlen konfrontiert sind. Sie können so etwas sagen wie: „Ich habe es wirklich schwer", „Arme(r) (Ihr Name), es ist nicht leicht, eine gute Mutter/ein guter Vater zu sein". Sie können Ihre Hände auf Ihr Herz legen oder sich selber umarmen.

Es ist hilfreich, diese Übung einige Male zu machen. Dabei kann es immer um dieselbe oder um verschiedene (Erziehungs-)Situationen gehen.

Das schlechte Verhalten Ihres Kindes als Meditationsglöckchen

Überlegen Sie, welches Verhalten Ihres Kindes Sie am meisten stört. Zum Beispiel, dass Ihr Kind abends ständig aus dem Bett kommt, obwohl Sie endlich Zeit für sich selber brauchen, dass Ihr Kind ständig seinen Bruder oder seine Schwester ärgert, nicht verlieren kann, nach Schweiß riecht und sich nicht duschen will, ständig verschläft etc. Entscheiden Sie sich für eines dieser Dinge – es sollte ein Verhalten sein, das regelmäßig vorkommt, damit Sie die folgende Übung durchführen können – und schreiben Sie es auf.

Betrachten Sie dieses Verhalten eine Woche lang als Ihr persönliches Meditationsglöckchen. Jedes Mal, wenn das Verhalten auftritt, machen Sie sofort eine dreiminütige Atempause, bevor Sie eventuell auf das Verhalten reagieren. Schreiben Sie auf, was Ihnen in dieser Woche auffällt. Möglicherweise fällt Ihnen etwas auf, was Ihren Gefühlen und Gedanken zugrunde liegt, die im Zusammenhang mit dem störenden Verhalten Ihres Kindes in Ihnen aufkommen. Es kann sein, dass Sie Ihr Verhalten ändern, nachdem Sie eine dreiminütige Atempause gemacht haben, und es kann sein, dass das Verhalten Ihres Kindes sich ändert. Stehen Sie allem, was Ihnen während dieser Übung begegnet, offen gegenüber!

10 Schemata – die eigene Kindheit erneut erleben

Im echten Manne ist ein Kind versteckt: Das will spielen.

FRIEDRICH NIETZSCHE

In jedem von uns steckt ein Kind, das sich spätestens dann zeigt, wenn man mit dem Menschen zusammen ist, in dessen Gesellschaft man sich am wohlsten fühlt.

UNBEKANNT

Kinder (und Enkel) zu bekommen und sie zu erziehen, ist eine einzigartige Erfahrung, die zu den Dingen in unserem Leben gehört, die uns emotional am intensivsten zu bereichern und zu befriedigen vermögen. Während unsere Kinder heranwachsen, erleben wir unsere eigene Kindheit erneut. Wenn wir mit unserem Kind eine Sandburg am Rande des Meeres bauen und dabei gegen die einlaufende Flut ankämpfen, genießen wir gemeinsam mit unserem Kind die körperliche Erfahrung von Sonne, Wasser und Sand, das vergnügliche Spiel mit dem nassen Matsch, wenn wir gemeinsam die Türme einer Sandburg formen, den weißen, warmen

Flugsand, der sich wie Puderzucker auf den Turm legt, die Schönheit der Muscheln, die wir auswählen, um unser Schloss zu verzieren, den Stolz, wenn die Burg immer größer, fester und höher wird und am Ende uneinnehmbar erscheint. Und schließlich erleben wir unsere Bedeutungslosigkeit gegenüber der unglaublichen Kraft der Strömung. Während wir mit unserem Kind diese Burg bauen, steht die Zeit (nicht aber die Gezeiten) still: Wir sind vollständig in diesem Moment gegenwärtig, eins mit unserem Kind, und erleben gleichzeitig unsere eigene Kindheit erneut, weil wir in Kontakt mit dem Kind in uns sind, das spielen möchte. Diese zweifache Erfahrung, der Kontakt zu unserem Kind und die erneute Kontaktaufnahme mit den Erfahrungen, die wir als Kind gemacht haben, erklärt die einzigartige emotionale Färbung, die entsteht, wenn wir Eltern sind.[111]

Wir erleben dann nicht nur erneut, was es für uns bedeutete, Kind zu sein, sondern auch, welche Erfahrungen wir mit unseren Eltern (und anderen Bezugspersonen) als Erzieher gemacht haben.

Ich erinnere mich daran, welch tiefen Eindruck es auf mich machte, vor welch unglaublicher, lebenslanger Verantwortung ich plötzlich stand, als ich selber ein Kind bekam. Plötzlich spürte ich Demut und tiefen Respekt vor meinen Eltern, die diese Verantwortung für fünf Kinder übernommen hatten, ein ganzes Leben lang. Welch enorme Aufgabe, welcher Mut, welche Hingabe, welcher Glaube an das Leben! Als unsichere junge Mutter spürte ich plötzlich die Weisheit des Bibelzitates: „Ehre deinen Vater und deine Mutter."

Ich schrieb meinen Eltern in diesen ersten Wochen einen langen Brief, in dem ich auf die schönen Momente in meiner Erziehung zurückblickte und mich bei ihnen dafür bedankte, was sie mir bedeutet hatten. Durch diesen Brief verband ich mich mit ihnen, mit anderen Eltern, denn schließlich war ich jetzt auch Mutter geworden. Ich sprach darin die Hoffnung aus, dass ich das, was ich von ihnen gelernt hatte, auch an meinen Sohn weitergeben würde.

Als mein Vater zehn Jahre später – plötzlich und tragisch – verstarb, fand ich den Brief ordentlich gefaltet in einem Fach seiner Schreibtischunterlage wieder, an dem Ort, an dem er meistens gesessen hatte. Wie oft hatte er den Brief wohl gelesen, was hatte er wohl bei ihm ausgelöst? Ich werde es nicht mehr erfahren, aber ich hoffe, dass ich ihnen vermitteln konnte, welchen tiefen Respekt ich als frischgebackene Mutter für sie empfand.

Während der ersten Schwangerschaft begann ich auf einmal, wie verrückt Babyjäckchen zu stricken, Schnittmuster zu machen und Babykleidung zu entwerfen, ich nähte Decken für das Babybett mit selbst entworfenen Stickereien, ja selbst Schuhe nähte ich selber. Ich gab mich der kreativen Handarbeit hin, ganz wie ich es von meiner Mutter gelernt hatte, während all der glücklichen, nicht enden wollenden Stunden, die ich als Kind in ihrem Atelier verbracht hatte. Es war etwas, was ich jahrelang nicht mehr gemacht hatte, weil ich als Wissenschaftlerin und Therapeutin so hart arbeitete. Erst jetzt, da ich dies niederschreibe, fällt mir auf, dass es nicht nur der Nestbautrieb war, sondern dass ich meine Kindheit wiederbelebte, in Vorbereitung auf meine Rolle als Mutter.

Zen-Lehrer Dogen Zenji sagt, dass man in dem Moment, in dem ein Kind geboren wird, zur Mutter wird – und zum Kind.

Es ist eine wunderschöne Erfahrung, die positiven Seiten der eigenen Jugend und der Beziehung zu den Eltern erneut zu erleben, wenn man Vater oder Mutter wird. Dies und die bewusste Absicht, diese Erfahrung weiterzugeben, können die eigene Erziehungsarbeit bereichern, sodass man sie intensiver genießen kann. Allerdings erleben wir nicht nur die positiven, sondern auch die negativen Seiten unserer Erziehung ein zweites Mal. Und obwohl wir auf einer bewussten Ebene nur die positiven Seiten weitergeben möchten, übertragen wir manchmal – unbewusst – auch die negativen Seiten. Oder wir geben uns so viel Mühe, diese negativen Seiten nicht weiterzugeben, dass wir genau das Gegenteil bewirken und so neue Probleme erzeugen. Die Mutter, die sich als Kind vernachlässigt gefühlt hat, weil ihre Eltern so sehr mit ihrem Hotel beschäftigt waren, ist dann für ihre Kinder auf einmal ständig verfügbar, sodass sie sich selbst vernachlässigt und ihre Kinder verwöhnt. Der Vater, der früher von seinen Eltern und Lehrern physisch hart bestraft wurde, setzt jetzt alles daran, nicht wütend auf seine Kinder zu werden, sodass er lacht, wenn sie sich schlecht benehmen, und so sich und seine Kinder nicht ernst nimmt.

Die Schematheorie des amerikanischen Psychologen Jeffrey Young gibt Orientierung, wenn es darum geht, die Erinnerungsknäuel zu entwirren, die wiederbelebt werden, wenn Menschen Eltern werden.[112] Schemata sind mentale Repräsentationen unserer früheren Beziehungen zu wichtigen Bezugspersonen, wie unseren Eltern. Wir erzeugen interne, mentale Repräsentationen von dem, was wir im Kontakt mit unseren Eltern erleben, zum Beispiel: Wenn ich weine, werde ich gestillt – wenn ich Schmerzen habe, werde ich getröstet – wenn ich eine Regel missachte, werde ich bestraft – aber auch wenn ich wütend werde, werde ich geschlagen – und wenn ich meine Verletzlichkeit zeige, dann meinen sie, ich stelle mich nur an.

Diese Repräsentationen bestehen nicht nur aus Erkenntnissen über kausale Zusammenhänge in der Interaktion, wie sie die erwähnten „Wenn …, dann …"-Sätze beschreiben, sondern auch aus emotionalen und körperlichen Erfahrungen sowie aus Verhaltensweisen. So gehören zum Beispiel zu der Repräsentation „Wenn ich wütend bin, dann werde ich geschlagen" die Emotionen Wut und Angst, die körperliche Erfahrung von physischem Stress und Schmerz und als Verhalten das Vermeiden der Schläge oder das Sich-Zurückziehen nach den Schlägen. Schemata organisieren die Wirklichkeit und generalisieren sie, sodass sich das Schema „Wenn ich wütend bin, dann werde ich geschlagen" zu dem Schema „Wenn ich wütend bin, dann werde ich abgewiesen" entwickelt.

Schemata werden als Ganzes wahrgenommen, wir erleben Emotionen, körperliche Gefühle, Gedanken und Impulse gleichzeitig. In diesem Beispiel ist die eigene Wut an Angst (vor körperlichem Schmerz und vor dem

Verlassenwerden) und an das Vermeiden von Aggression oder an Rückzugsverhalten gekoppelt und zur internen Repräsentation der Beziehung zur Bezugspersonen geworden. Jemand, der dieses Schema internalisiert hat, wird daher auch Angst vor den Folgen des Äußerns der eigenen Wut entwickeln und, um diese Folgen zu vermeiden, die Wut unterdrücken oder, wenn er wütend wird, sofort ausweichendes Verhalten an den Tag legen – mit allen Folgen, die dies für zukünftige Beziehungen hat. Wir werden nicht als jemand geboren, die es allen recht machen will, wir werden dazu gemacht.

Schemata organisieren die Art und Weise, wie wir Beziehungen erleben und betrachten, wie wir uns in Beziehungen verhalten und wie wir neue Beziehungen wählen. Young zufolge gibt es adaptive und maladaptive Schemata. Maladaptive Schemata können in einer anderen Umgebung durchaus adaptiv gewesen sein. Das Schema „Wenn ich wütend bin, dann werde ich abgewiesen“ und das daraus resultierende Unterdrücken der eigenen Wut können für ein heranwachsendes Kind, das in einer Umgebung aufwächst, in der Wut zuverlässig mit einer Tracht Prügel beantwortet wurde, adaptiv gewesen sein. Schemata können aber in neuen Beziehungen maladaptiv sein, wenn ein Kind, das dieses Schema internalisiert hat, erwachsen geworden ist und einen liebevollen Partner gewählt hat.

Schemata haben die Tendenz, sich selber zu bestätigen. Wir bestätigen unsere Schemata durch selektive Wahrnehmung, verzeichnende Interpretationen, selektive Erinnerung, Vermeidung und Wiederholung. Ein Beispiel: Jemand, der das Schema „Wenn ich wütend bin, dann werde ich abgewiesen“ internalisiert hat, wird seine Aufmerksamkeit selektiv auf die Situationen richten, in denen er aufgrund seiner Wut tatsächlich abgewiesen wird. Er wird neutrale oder mehrdeutige Reaktionen auf seine Wut eher als Ablehnung interpretieren. Er wird sich an Situationen, in denen Wut zu Ablehnung führt, besser erinnern. Er wird seine Wut so lange wie möglich unterdrücken, aber wenn sie dann hervorbricht, ist die

Explosion so heftig, dass sie eher zu Ablehnung führt. Und im schlimmsten Fall wählt er einen misshandelnden Partner, der das Schema bestätigt.

Dies als knappe Zusammenfassung der Schematheorie. Inwieweit aber kann die Kenntnis dieser Theorie für uns als Eltern hilfreich sein? Young unterscheidet 18 maladaptive Schemata, wie „Verlassenheit", „Misstrauen und Missbrauch", „emotionale Deprivation", „Selbstaufopferung" und „Perfektionismus", die durch eine Kombination von Anlage- und Umweltfaktoren, wie der Erziehung, entstehen.

Wenn wir Eltern sind, besteht die Gefahr, dass wir unsere maladaptiven Schemata, also die internen Repräsentationen der Beziehungen zu den Menschen, die uns erzogen haben, und zu anderen wichtigen Bezugspersonen auf die Beziehung zu unseren Kindern übertragen und somit auf unsere Kinder selbst. Die ursprünglich maladaptiven Schemata werden von bestimmten Ereignissen, die wir erleben, erneut aktiviert, aber auch von bestimmten Szenarien, die sich hauptsächlich in unseren Gedanken abspielen. Das Schema „Verlassenheit" kann bei einer Mutter zum Beispiel dadurch aktiviert werden, dass ihr Kind zunehmend selbstständiger wird und plötzlich voller Wut schreit: „Ich will eine andere Mama!" Wenn diese Mutter geschieden ist und das Kind es so ausdrückt: „Ich finde [Name der Stiefmutter] viel netter als dich!", wird das Schema „Verlassenheit" noch viel stärker getriggert. Sie wird sich ängstlich und verletzlich fühlen, denken, dass ihr Kind sie für immer verlassen wird, Schmerzen in der Herzgegend und im Bauch spüren und alles dafür tun zu verhindern, dass diese vermeintliche Situation eintritt und ihr Kind sie verlässt. So wird sie ihr Kind zum Beispiel verwöhnen, negativ über den Vater oder die Stiefmutter des Kindes sprechen oder einen Rechtsstreit um das Sorgerecht führen.

Schemata kann man als unsere empfindlichen Stellen betrachten. Sie sind nicht immer aktiv, aber wenn sie herausgefordert werden, verändern sie die gesamte Art des Denkens, Fühlens und Handelns einer Person, sodass er oder sie sich entscheidet, seine Erlebnisse auf eine andere Weise zu verarbeiten. Young nennt das einen „Modus".

Kathleen Restifo und ich gelangten zu der Überzeugung, dass Eltern, wenn sie von ihren Kindern emotional getriggert werden, in bestimmte schematische Modi verfallen können und aus ihnen heraus handeln, ohne dass ihnen dies bewusst ist.[113]

Nehmen wir an, dass ein Elternteil wütend auf sein Kind einredet, weil das Kind irgendetwas getan hat, und dabei mit einem strafenden Finger auf das Kind zeigt. Die Person denkt in diesem Moment, dass sie aus dem Modus des „gesunden Erwachsenen" heraus handelt, wie Young es nennt. Aber wenn diese Person von etwas emotional getriggert ist, kann es sein, dass sie (auch) aus einem anderen Modus heraus agiert, und zwar auf der Basis dessen, was sie als Kind mit ihren Eltern oder anderen Bezugspersonen erlebt hat. Es kann sein, dass sie aus dem Kind-Modus heraus agiert und/oder aus ihrem internalisierten Eltern-Modus. Wenn der Kind-Modus aktiv ist, erlebt die Person sich als Kind der eigenen Eltern, während sie mit ihrem Kind interagiert. Die Person erlebt erneut, wie sie sich fühlte, als ihre eigenen Eltern sie bestraften, weil sie etwas Falsches getan hatte.

Young unterscheidet drei Kind-Modi, aber es können auch mehr sein. So ist es möglich, dass die Person sich wie das „verletzbare Kind" fühlt, wie das Kind, das abgewiesen, verlassen, vielleicht sogar vernachlässigt oder missbraucht wurde. Es kann auch sein, dass sie sich wieder wie ein „verärgertes Kind" fühlt, wie das Kind, dass aufgrund unerfüllter emotionaler Bedürfnisse wütend ist und diese Wut auf eine kindliche Art und Weise äußert, unklar, manipulierend, egozentrisch. Es kann auch sein, dass sie sich als „impulsives und undiszipliniertes Kind" erlebt, das sich emotional äußert, auf der Grundlage von Wünschen handelt und seiner natürlichen Neigung folgt, unbekümmert von Augenblick zu Augenblick zu leben, ohne auf die Folgen seines Handelns achten zu müssen.

Ebenso ist es möglich, dass die Person vom internalisierten „Eltern-Modus" aus agiert. Wenn dieser Modus aktiv ist, dann erlebt die Person die Interaktion mit ihrem Kind als Interaktion mit den eigenen Eltern und betrachtet sie dabei aus der Perspektive der Eltern, wie sie von ihr internalisiert wurde. Die Person wird in diesem Modus also zu dem Elternteil, der von ihr als Kind internalisiert wurde. Young unterscheidet zwei internalisierte Eltern-Modi, aber es können auch mehr sein. Der „strafende Elternteil" bestraft das Kind, weil es ungezogen ist, und der „fordernde Elternteil" übt ständig Druck auf das Kind aus, ausgesprochen hohe Normen und Anforderungen zu erfüllen.

Die einzigartige und intensive emotionale Färbung der Elternrolle, die Tatsache, dass wir ganz in die Haut unseres Kindes schlüpfen und erleben, was unser Kind erlebt, dass wir dabei gleichzeitig unsere eigenen Erfahrungen als Kind und unsere eigene Erziehung erneut erleben, verstärkt all unsere Emotionen. Das gilt nicht nur für das Glück und die Freude, die wir im Kontakt mit unseren Kindern erleben, sondern auch für die Wut und Enttäuschung, die wir spüren können, die Ängste und Sorgen, die uns bedrücken können, die Scham, das Schuldgefühl. Wenn im Kontakt mit unserem Kind starke negative Gefühle entstehen, ist die Wahrscheinlichkeit groß, das wir vom Kind- oder internalisierten Eltern-Modus aus reagieren, wobei diese Modi sich auch unglaublich schnell ablösen können.

Ein Beispiel aus einer unserer Mindful-Parenting-Gruppen soll dies verdeutlichen. Es handelt sich dabei um eine Mutter mit ihrer autistischen Tochter. Die Tochter war sehr schmerzempfindlich und schrie immer laut, wenn ihre Mutter ihr morgens vor der Schule die Haare kämmte. Die Mutter war dann jedes Mal gestresst, wütend und verzweifelt und bürstete das Haar besonders fest und schnell, sodass das Mädchen noch lauter schrie. Die Mutter verzweifelte immer mehr und hatte das Gefühl, nicht gut für ihre autistische Tochter sorgen zu können. Wenn der Schulbus das Mädchen schließlich abholte, waren Mutter und Tochter emotional total erschöpft.

Wir fragten die Mutter, ob etwas in dieser Interaktion sie an ihre Kindheit und die Interaktion mit ihren Eltern erinnerte. Ihr wurde bewusst, dass sie schon früh alles selber hatte erledigen müssen und dass sie nur wenig Aufmerksamkeit von ihren Eltern bekommen hatte, weil ihr Vater auch autistisch war und ihre Mutter außerdem viel Arbeit mit ihrem autistischen Sohn hatte, der oft für Probleme sorgte. Sie durfte nie wütend werden oder sich auffällig verhalten, da ihre Eltern dafür keine Zeit hatten. Sie war damals neidisch auf ihren Bruder und ihrer Tochter gegenüber empfand sie nun einen ähnlichen Neid, da sie ihrer Tochter die Aufmerksamkeit schenkte, die sie selber nie bekommen hatte.

Wir fragten die Mutter, ob sie einen der Kind- oder internalisierten Eltern-Modi in der Interaktion mit ihrer Tochter wiedererkannte, was sie für den Modus „verärgertes Kind" bejahte. Sie erkannte dieses Kind, das wütend ist, weil es keine Aufmerksamkeit bekommt, wohl aber der schwierige Bruder. Auch im Kontakt mit ihrer Tochter bekam sie keine Aufmerksamkeit. Den Modus „fordernder Elternteil" erkannte sie ebenfalls bei ihren Eltern, die von ihr immer erwartet hatten, dass sie alles selber können sollte. Gleichzeitig hatte sie jetzt das Gefühl, keine gute Mutter für ihre Tochter zu sein und sich selber keine Anerkennung für all das zu schenken, was sie für ihre Tochter tat. Sie erinnerte sich nun außerdem daran, dass ihre Mutter ihr langes Haar damals einfach so abgeschnitten hatte, weil es sich nicht gut kämmen ließ, und das, obwohl sie selber es so gerne gemocht hatte. Und nun erkannte sie auch den „strafenden Elternteil", der die Haare ihrer Tochter zu hart bürstete.

Schließlich fragten wir sie, was das verärgerte Kind und der fordernde und strafende Elternteil in ihr benötigten. Das wütende Kind wollte sie in Zukunft gerne trösten können, wegen all der Dinge, die es von seinen Eltern nicht bekommen hatte. Sie wollte ihm sagen, dass es Recht habe, so wütend auf seine Eltern zu sein und neidisch auf den Bruder, denn ihre Eltern hatten sie tatsächlich vergessen. Das Kind in ihr wird sie nicht mehr vergessen. Und sie wollte es fragen, was es gerade benötige. Sie würde weniger hohe Anforderungen an sich stellen, denn sie gab bereits ihr Bestes. Sie würde sich kurz zurückziehen, wenn sie die Haare ihrer Tochter gebürstet hatte, um sich Selbstmitgefühl zu schenken, indem sie ihre Hände auf ihr Herz legen und sich selber sagen würde: „Es ist nicht einfach, es ist eine schwierige Aufgabe, meine Tochter großzuziehen." Und vielleicht wäre es auch an der Zeit, ihrer Tochter beizubringen, sich die Haare selber zu bürsten, überlegte sie schließlich.

Inwiefern kann Ihnen als Eltern die Idee von den verschiedenen Schema-Modi in der Praxis helfen? Wenn bei Ihnen in einer Interaktion mit Ihrem Kind Stress oder starke negative Gefühle getriggert werden, sodass Sie automatisch auf eine Art und Weise reagieren, die Sie nicht befriedigt (reaktives Elternverhalten), dann sollten Sie sich bewusst machen, dass Sie wahrscheinlich entweder aus einer evolutionären Kampf- oder Fluchtreaktion (siehe Kapitel 1) oder aus Ihrem Kind- oder internalisierten Eltern-Modus heraus agieren. In einem solch getriggerten Zustand ist der erste Schritt immer der, eine Atempause zu machen und sich selber Mitgefühl zu schenken. Anschließend können Sie vielleicht auch die unten stehende Tabelle ausfüllen, um sich darüber klar zu werden, welche Schema-Modi vielleicht angetriggert wurden und wie Sie für das Kind in Ihnen aus einem gesunden Erwachsenen-Modus heraus sorgen können.

Wenn Sie für das Kind in Ihnen sorgen, können Sie auch als Eltern optimal agieren und für Ihre Kinder sorgen. In unseren Mindful-Parenting-Gruppen erlebe ich, dass Eltern auf einmal klar wird, wieso sie selber auch einen Wutanfall bekommen (Modus „verärgertes Kind"), wenn Ihr Kind einen Wutanfall hat. Und wenn Eltern dies erkennen, ist bereits viel gewonnen. In einem Lernprozess können wir vier Phasen unterscheiden: unbewusste Inkompetenz, bewusste Inkompetenz, bewusste Kompetenz, unbewusste Kompetenz. Wenn Eltern erkennen, dass ihr Modus „verärgertes Kind" getriggert ist, haben sie den Schritt von der unbewussten Inkompetenz zur bewussten Inkompetenz bereits vollzogen.

Dass man gut für sich sorgen muss, wenn man wütend wird, formuliert auch Thich Nhat Hanh sehr anschaulich:

Wut und Ärger sind wie ein schreiendes Baby, das leidet und deshalb weint. Das Baby braucht seine Mutter, von der es aufgenommen werden will. Wir sind die Mutter der Wut unseres Babys. In dem Augenblick, in dem wir das bewusste Ein- und Ausatmen üben, haben wir die Energie einer Mutter, dann können wir unser Baby aufnehmen und in den Schlaf wiegen. Schließen Sie Ihren Ärger, Ihre Wut einfach liebevoll in die Arme, atmen Sie einfach ein und aus, das genügt. Das Baby wird sich sofort beruhigen. [...] Nehmen Sie sich der Wut voller Zärtlichkeit an. Die Wut ist nicht Ihr Feind, die Wut ist Ihr Baby.[114]

ÜBUNGEN

Retreat in der eigenen Familie

Ein Retreat inmitten der Familie kann Ihnen helfen, Ihre Mindfulness-Praxis in das Familienleben und in Ihr Elternverhalten zu integrieren – ein wenig so wie der jüdische Sabbat, den ich einmal miterleben durfte. Während eines Besuchs mit meiner Familie in London waren wir am Sabbat bei jüdischen Freunden eingeladen. Sie hatten das Essen schon am Tag zuvor zubereitet, denn am Sabbat darf nicht gearbeitet werden. Die Eltern und ihre Kinder saßen im Garten, es wurde geredet, gekuschelt, Gesellschaftsspiele und Fußball gespielt. Beide Eltern machten einen völlig entspannten und offenen Eindruck. Alle aßen von dem leckeren Gebäck, das bereitstand. Kein Telefon, keine Zeitung, kein Fernseher. Wenn die Kinder zu Freunden wollten, durften sie nicht anrufen, sondern mussten zu Fuß dorthin gehen, denn am Sabbat werden keine öffentlichen Verkehrsmittel benutzt. Ein Gefühl von Frieden, Zusammengehörigkeit, Wärme und endloser Zeit lag über allem. Wir fühlten uns so willkommen und waren so überrascht von dieser ruhigen Atmosphäre im geschäftigen London, dass wir alle Pläne für den Tag aufgaben und einfach dort blieben.

Suchen Sie sich einen Tag aus, an dem auch Ihre Familienmitglieder zu Hause sind und Sie keine Verpflichtungen oder Verabredungen haben, zum Beispiel einen Samstag oder Sonntag. Teilen Sie Ihrem Partner vorher mit, dass Sie einen Mindfulness-Tag abhalten möchten. Erklären Sie kurz, wie Sie sich das vorstellen und was Sie von Ihrem Partner dafür brauchen. Wie viel Sie Ihren Kindern vorher erklären, hängt von deren Alter ab.

Während des Retreats verbannen Sie alle äußeren Einflüsse aus Ihrem Leben: Fernsehen, Musik (selber musizieren oder der Musik zuhören, die Ihre Familienangehörigen machen, ist erlaubt), Zeitung, E-Mail, Internet, Telefon, Post. Achten Sie darauf, dass sich in den Zimmern, in denen Sie sich an diesem Tag aufhalten, kein Computer, Fernseher, Radio oder Handy befindet. Vermeiden Sie es, zu lesen oder etwas für die Arbeit zu erledigen. Trinken Sie keinen Alkohol und Kaffee nur in Maßen.

Tun Sie alles, was Sie tun, achtsam. Wenn Sie Arbeiten im Haushalt erledigen, führen Sie sie wie ein Mönch aus, vollständig mit dem befasst, womit Sie in diesem Moment beschäftigt sind (abwaschen, Kartoffeln schälen, Pflanzen versorgen), ohne sich zu beeilen, um ein Ziel zu erreichen, um es hinter sich zu bringen. Setzen Sie sich ganz für die Arbeit ein, die Sie an Ihrem Mindfulness-Tag geplant haben, und fragen Sie sich nicht, warum die anderen Familienmitglieder sie nicht machen.

Stellen Sie ein Tagesprogramm zusammen (und schreiben Sie es auf), in dem Meditation und Yoga enthalten sind, achtsames Essen und Trinken, Arbeitsmeditation (Arbeit, die regelmäßig ansteht und keinen Stress verursacht, wie putzen, im Garten arbeiten, bügeln), achtsame Tätigkeiten mit Ihren Kindern oder einfach aufmerksam Zeit mit den Kindern und mit Ihrem Partner verbringen. Zum Beispiel:

7:00	Sitzmeditation am Morgen
7:45	das Frühstück achtsam zubereiten
8:00	achtsam eine Tasse Tee trinken, bevor Sie die anderen Familienmitglieder wecken
8:15	die Familienmitglieder achtsam wecken (nehmen Sie sich Zeit, sie anzuschauen, bevor Sie sie wecken)
8:30	achtsam essen, achtsam trinken, achtsam die anderen Familienmitglieder bedienen, während des Frühstücks achtsam sprechen und zuhören
9:30	eine Stunde spazieren gehen, alleine oder mit den Familienmitgliedern, üben Sie sich dabei in achtsamem Sprechen und Zuhören und lassen Sie Zeiten der Stille während des Gehens
10:30	achtsam spielen, sprechen oder mit den Kindern zusammen sein
11:00	achtsam gärtnern
12:30	achtsam Kaffeetrinken
12:45	das Mittagessen achtsam zubereiten
13:15	achtsam zu Mittag essen
14:15	schlafen, ausruhen oder meditieren
15:00	achtsam spielen, sprechen oder mit den Kindern Zeit verbringen
15:30	achtsames Yoga oder eine andere Aktivität, die Ihrem Körper guttut (zum Beispiel schwimmen)
16:30	achtsam ein spirituelles Buch lesen, achtsam zeichnen oder Musik machen
17:30	das Abendessen achtsam zubereiten und die Aufgaben, die für das Essen übernommen werden sollen, achtsam auf die Familienmitglieder verteilen
18:30	Abendessen, achtsam essen, sprechen und zuhören
20:00	achtsam spazieren gehen oder ein Spiel mit der Familie spielen
21:00	die Kinder achtsam ins Bett bringen
21:30	meditieren
22:15	schlafen gehen

Schema-Modi erkennen

Beschreiben Sie eine typische Eltern-Kind-Interaktion, in der Sie sich vom Verhalten Ihrer Kinder getriggert fühlen, Stress oder heftige Emotionen aufkommen und Sie mit Ihrem Verhalten nicht zufrieden sind (reaktive Elternrolle). Überlegen Sie, ob diese Situation Sie an Ihre eigene Kindheit erinnert und ob Sie Kind- oder internalisierte Eltern-Modi erkennen. Überlegen Sie, wie Sie für das Kind in Ihnen sorgen können. Hier einige Beispiele:

Trigger

→ Beschreiben Sie die Situation, die Stress auslöst.

Die Kinder machen Lärm, was die Nachbarin unter uns stört, sodass sie manchmal sehr wütend wird. Mein Mann kümmert sich nicht darum oder tobt auch mit den Kindern.

Verhaltensmuster

→ Beschreiben Sie Ihr reaktives Elternverhalten.

Ich weise ständig darauf hin, aber niemand hört mir zu.

Eigene Lebensgeschichte

→ Erinnert die Situation Sie an Ihre eigene Kindheit?

Ich musste zu Hause immer sehr still sein, weil meine Mutter chronisch krank war. Deshalb habe ich auch schon sehr früh Verantwortung übernommen und musste für mich selber sorgen.

Schema-Modi

→ Beschreiben Sie den Modus des verärgerten, verletzbaren oder impulsiven Kindes und/oder den fordernden oder strafenden internalisierten Eltern-Modus.

Verwundetes Kind, das sich Sorgen um seine Mutter macht, viel alleine war, sich sehr bemüht hat und wenig Aufmerksamkeit bekam.

Was brauche ich?

→ Wie sorge ich für mein inneres Kind (Atempause, Selbstmitgefühl).

Ich merke jetzt, dass ich mich isoliere, aber nicht alleine bin. Mein Mann kann mir bei dem Problem mit der Nachbarin helfen, ich werde es mit ihm besprechen und bitte ihn, mich zu unterstützen, weil ich mich hierbei so verletzlich fühle. Wenn die Kinder wieder Lärm machen oder die Nachbarin wütend wird, mache ich erst eine Atempause, bevor ich handele.

11 Eltern sein – ein Leben lang

Die perfekte Liebe kommt meist nicht früher als mit dem ersten Enkel.

WALISISCHES SPRICHWORT

Ich liege auf dem Behandlungsstuhl meiner Zahnärztin, die hohe Ansprüche an ihre Arbeit stellt und der ich zu 100 Prozent vertraue. In meinem Mund befinden sich etliche Instrumente, sodass ich unmöglich antworten kann, als sie sagt: „Ich habe dich gegoogelt … dieses Mindful-Parenting … ich wünschte, ich hätte davon gewusst, als meine Tochter noch klein war. Als sie ein Baby war, konnte ich sie und die Babysitterin oben in der Wohnung hören. Oft wollte ich gar nicht nach oben gehen, nachdem ich den ganzen Tag in der Praxis gearbeitet hatte. Also schob ich es noch ein wenig vor mir her und erledigte erst noch ein wenig Büroarbeit. Die Arbeit war so voraussagbar, Mutter zu sein, war so anders. Inzwischen ist sie erwachsen und es ist zu spät, sich noch damit zu beschäftigen …“ Nein, wollte ich sagen, was ich nicht konnte, weil ich all diese Instrumente im Mund hatte, es ist nie zu spät, die Aufmerksamkeit auf seine Rolle als Mutter oder Vater zu lenken, deinem Kind mit erneuerter Aufmerksamkeit zu begegnen – Eltern bleibt man ein Leben lang.

Die Mindful-Parenting-Kurse, die ich gab, richteten sich zu Anfang an Eltern von Jugendlichen, die schwere Verhaltensauffälligkeiten zeigten (die vorbestraft waren, nicht in die Schule gingen, nicht mehr zu Hause wohnen wollten oder zu Hause nicht mehr willkommen waren, Drogen nahmen oder bei denen Auseinandersetzungen zwischen Eltern und Kind gefährlich enden konnten).[115] Am Ende dieser Kurse meinten die Eltern oft seufzend: „Warum habe ich diesen Kurs nicht früher gemacht, dann hätten wir vielleicht verhindern können, dass all diese Probleme so aus dem Ruder laufen."

Also passten wir den Kurs so an, dass er sich auch für Eltern von jüngeren Kindern mit Verhaltensauffälligkeiten eignete. Und inzwischen gibt es Kurse für Eltern mit ihren Babys[116] und für schwangere Paare[117].

Eva Potharst, Mindful-Parenting-Kursleiterin und Infant Mental Health Specialist, entwickelte den Kurs „Mindfulness mit Ihrem Baby", in dem sie mit Müttern und ihren Babys meditiert. Dabei üben die Mütter, abwechselnd mit voller Aufmerksamkeit bei ihrem Baby zu sein („Was braucht mein Baby, was will es mir sagen, was sieht es?"), um dann die Aufmerksamkeit wieder nach innen zu richten und selber zu meditieren („Was brauche ich, wie geht es mir, was erlebe ich gerade?"), um so eine Balance zwischen der Aufmerksamkeit für sich und für das Kind zu finden.

Irene Veringa, Mindful-Parenting-Kursleiterin und Hebamme, gibt „Mindfulness-Based Childbirth and Parenting"-Kurse für Schwangere mit Partner, die Stress und Angst im Hinblick auf die Schwangerschaft, die Geburt und die zukünftige Elternrolle erleben. Die körperlichen Veränderungen während der Schwangerschaft, der Geburt und der Zeit danach sowie das sich entwickelnde Kind und die sich verändernde Beziehung zwischen den zukünftigen Eltern werden dabei mit bewusster, auf das Hier und Jetzt gerichteter, nicht urteilender Aufmerksamkeit wahrgenommen. So wird achtsames Elternverhalten vom allerersten Beginn an geübt.

Glücklicherweise sind wir nie zu alt, um dazuzulernen, und Beziehungen entwickeln sich ständig weiter, ein Leben lang. In jeder Phase, in der wir Eltern oder Großeltern sind, können wir die Fähigkeit ausbauen, unseren Kindern, Enkeln und unserer Interaktion mit ihnen eine nicht urteilende, bewusste, auf das Hier und Jetzt gerichtete Aufmerksamkeit entgegenzubringen.

Meine ältesten Kinder sind inzwischen erwachsen und ich entdecke ganz neue Aspekte eines achtsamen Elternverhaltens. Manchmal mache ich mir Sorgen, wie es ihnen geht, vor allem, wenn sie Misserfolge zu verarbeiten haben, wie Krankheit, das Ende einer Beziehung, Arbeitslosigkeit oder wenn sie in unsichere Gegenden reisen, sehr hart arbeiten oder viel feiern. Dann merke ich, dass ich wieder für sie sorgen oder mich ungefragt in ihr Leben einmischen und ihnen sagen möchte, wie sie leben sollten (als ob ich das wüsste). Dabei brauchen sie eigentlich mein Vertrauen darauf, dass sie ihre eigenen Entscheidungen treffen, das Risiko selber einschätzen und die Folgen überblicken können. Aber das ist nicht immer einfach für mich. Ich kann mir nur dann sicher sein, wenn ich sie in ihrer wahren Art erkenne, in ihrer Ganzheit, und sie liebevoll loslasse, sodass sie wieder zu mir kommen können – falls sie dieses Bedürfnis haben –, um Aufmerksamkeit von mir zu erhalten, Unterstützung und manchmal meinen Blick auf die Dinge (was etwas anderes ist als ein unerwünschter Ratschlag).

Aber ich kann jederzeit bei den Dingen stillstehen (still sitzen), die ich brauche, um sie loszulassen. Ich weiß noch, wie mein Sohn, gerade 17, eine lange Reise durch Indien machte (etwas, was ich auch immer tun wollte, wozu ich aber nie den Mut aufgebracht habe). Er machte den Vorschlag, uns einmal in der Woche einen Reisebericht per Mail zu schicken. Und das machte es für mich viel leichter, darauf zu vertrauen, dass es ihm gut ging. Und so konnte ich außerdem ein wenig miterleben, was er erlebte. Kinder brauchen Raum, um eigene Fehler machen zu können und daraus zu lernen. Und wenn sie Fehler gemacht haben, hoffen wir darauf, dass sie uns so weit vertrauen, dass sie nach Hause kommen, um sich auszuweinen, wenn ihnen das ein Bedürfnis ist. Und das werden sie nur tun, wenn sie wissen, dass wir dann nicht sagen: „Aber ich hatte dir doch gesagt, dass …“ Thich Nhat Hanh sagt hierzu:

> Manchmal erleben wir, wie unsere Kinder Dinge tun, von denen wir wissen, daß sie ihnen in der Zukunft Leiden bringen werden. Wir versuchen, ihnen klarzumachen, daß sie sich falsch verhalten, aber sie hören nicht auf uns. Alles, was wir tun können, ist, die Samen der Rechten Anschauung in ihnen zum Keimen zu bringen, damit sie später in einer schwierigen Situation aus unserer Erziehung Nutzen ziehen können. Wer den Geschmack einer Orange nicht kennt, wird auch durch unsere Beschreibung nicht wissen, wie sie schmeckt. Ganz gleich, wie gut wir sie beschreiben, wir können keinem anderen Menschen die unmittelbare Erfahrung vermitteln. Er muß selber schmecken. Sobald wir auch nur eine einzige Bemerkung machen, ist er schon in einer bestimmten Vorstellung verfangen. Rechte Anschauung kann nicht beschrieben werden. Wir können nur in die richtige Richtung weisen. Rechte Anschauung kann nicht einmal durch einen Lehrer oder eine Lehrerin weitergegeben werden. Sie können uns nur helfen, die bereits im Garten unseres Bewusstseins verborgenen Samen der Rechten Anschauung zu erkennen, und uns ermutigen, diese Samen dem Erdreich unseres täglichen Lebens anzuvertrauen. Die Gärtner aber sind wir. Wir müssen es lernen, die heilsamen Samen in uns zu kräftigen, so daß sie schießlich aufblühen zu Blumen der Rechten Anschauung. Das Mittel, mit dem wir die heilsamen Samen stärken können, ist achtsames Leben – achtsames Atmen, achtsames Gehen. Jeder Augenblick des Tages muß achtsam erfahren werden.[118]

Es ist nicht nur niemals zu spät, sich als Eltern achtsam zu verhalten, wir werden dabei auch niemals an ein Ziel kommen. Wir werden nie vollkommen achtsame Eltern sein. Es geht vielmehr um den Prozess, diese Achtsamkeit so gut wie möglich weiterzuentwickeln. Jedes Mal wenn ich

„etwas verkehrt mache" in der Interaktion mit meinen Kindern, kann ich dabei still sitzen, es mit Aufmerksamkeit betrachten – die Interaktion und mich selber. Ich kann mir selber Mitgefühl schenken und mich mit anderen Eltern verbinden, die auch Fehler machen. Ich kann auf die Interaktion zurückkommen oder für das nächste Mal daraus lernen. Wir können jeden Tag aufs Neue damit beginnen, achtsame Eltern zu sein!

ÜBUNGEN

Mindful-Parenting-Plan für die kommenden 11 Wochen

Planen Sie, wie Sie Achtsamkeit und achtsame Erziehung in Ihr Leben integrieren wollen – zunächst für einen begrenzten Zeitraum. Das können zum Beispiel die kommenden elf Wochen sein, falls Sie dieses Buch als Selbsthilfekurs durchgearbeitet, also jede Woche ein Kapitel gelesen und die zugehörigen Übungen gemacht haben. Planen Sie zum Beispiel, wie oft pro Woche Sie meditieren wollen, welche Meditationen Sie machen wollen, wo, wann und wie lange (je konkreter der Plan ist, desto größer die Wahrscheinlichkeit, dass Sie sich daran halten).

Sie können auch Übungen in achtsamer Erziehung einplanen. Zum Beispiel können Sie mit Aufmerksamkeit Dinge gemeinsam mit Ihrem Kind unternehmen, vielleicht eine achtsame Wanderung in der Natur mit Ihrer ganzen Familie. Vielleicht möchten Sie auch an einem Stille-Tag oder einem Stille-Retreat teilnehmen, Yogastunden nehmen, eine Meditationsgruppe ins Leben rufen oder Ähnliches. Gemeinsam zu meditieren, kann genauso motivierend sein, wie gemeinsam Sport zu machen. Hängen Sie den Plan auf, damit Sie ihn nicht vergessen. Schauen Sie sich den Plan am Ende der ausgewählten Periode an, zum Beispiel nach elf Wochen. Hat es geklappt?

Elf Tipps für achtsames Elternverhalten im Alltag

1. Denken Sie an die weise Lektion der Stewardess im Flugzeug: Setzen Sie erst sich selber die Sauerstoffmaske auf, dann Ihrem Kind. Wie wollen Sie für Ihr Kind sorgen, wenn Sie nicht für sich selber sorgen? Wenn Sie sich deswegen schuldig fühlen, dann tun Sie es für Ihr Kind.

2. Suchen Sie sich ein persönliches Familien-Meditationsglöckchen – das Schreien Ihres Babys, der Streit zwischen den Geschwistern, das Geschrei Ihres Kindes, der Streit mit dem Partner, die unaufgeräumte Küche. Nehmen Sie die Situation zum Anlass, um wenigstens einen Atemzug bewusst wahrzunehmen, während des gesamten Wegs in den Körper und wieder hinaus.

3. Wenn Sie wach werden, atmen Sie drei Mal achtsam ein und aus, bevor Sie aufstehen. Oder lauschen Sie eine Minute lang mit voller Aufmerksamkeit allen Geräuschen, in der Nähe und in der Ferne. Hören Sie Ihren Partner atmen, hören Sie, wie Ihr Kind wach wird. Oder machen Sie eine Minute lang eine visuelle Meditation. Schauen Sie sich im Schlafzimmer um und beobachten Sie es, als wäre es das erste Mal, dass Sie das Schlafzimmer sehen. Oder beobachten Sie Ihren Partner, der neben Ihnen liegt.

4. Beobachten Sie Ihr Kind achtsam, mit dem Geist des Anfängers, zum Beispiel wenn Ihr Kind aus der Schule kommt, schlafen geht, wach wird, isst etc. Betrachten Sie das Wunder, das Ihr Kind darstellt. Sagen Sie vielleicht in Gedanken zu Ihrem Kind: „Namaste“ (was so viel bedeutet wie: Ich grüße das Göttliche in dir).

5. Wenn eine Interaktion zwischen Ihnen und Ihrem Kind Stress erzeugt, nehmen Sie den Kontakt Ihres Körpers mit dem Untergrund wahr. Beobachten Sie Ihre Atmung.

6. Hören Sie Ihrem Kind achtsam zu, sprechen Sie achtsam mit Ihrem Kind. Atmen Sie zwischen den Sätzen.

7. Erinnern Sie sich besonders in den Momenten, in denen Sie Schwierigkeiten mit Ihrem Kind und seiner Erziehung haben, daran, dass das Kind Ihr persönlicher Zen-Meister ist, der von einer höheren Autorität gelenkt wird, damit Sie alles über sich, Ihr Kind und die Welt lernen.

8. Gehen Sie, wenn Sie Ihr Kind von der Schule oder dem Kindergarten abholen, die letzten Schritte in voller Aufmerksamkeit oder bleiben Sie bewusst einen Moment stehen. Werden Sie sich Ihres Körpers bewusst, Ihrer Atmung, Ihres Kontakts mit dem Untergrund. Sind Sie bereit, in dem Moment, in dem Sie Ihr Kind wiedersehen, wirklich anwesend zu sein?

9. Üben Sie Ihre Arbeit über Tag im Haus achtsam aus, geben Sie Ihrem Kind achtsam Essen, machen Sie achtsam Einkäufe etc. Versuchen Sie, jeden Tag mehr von diesen Momenten zu erzeugen.

10. Machen Sie die Meditation zu Ihrer täglichen Routine, zu etwas, das Sie tun, egal ob Sie Lust dazu haben oder nicht – genauso wie Zähneputzen, Duschen, Essen oder Sport. Ob Sie eine Minute meditieren oder eine Stunde, spielt keine Rolle. Es geht darum, dass Sie jeden Tag kurz auf Ihrem Meditationskissen sitzen, sodass es zur Routine wird.

11. Erinnern Sie sich daran, dass es nie zu spät ist, die Absicht zu erneuern, Achtsamkeit zu üben und ein achtsames Elternverhalten an den Tag zu legen. Der nächste Atemzug wartet immer auf Sie, genau wie der nächste Kontakt mit Ihrem Kind.

Wichtiger Hinweis

Die Ratschläge und Übungen in diesem Buch sind von der Autorin sowie dem Verlag sorgfältig geprüft worden. Dennoch kann eine Garantie nicht übernommen werden. Bei ernsthafteren oder länger anhaltenden Beschwerden sollten Sie auf jeden Fall eine Ärztin, einen Psychotherapeuten, eine Psychologin oder einen Heilpraktiker Ihres Vertrauens zu Rate ziehen. Eine Haftung der Autorin oder des Verlages für Personen-, Sach- und Vermögensschäden ist ausgeschlossen.

Bezüge

Die Kapitel dieses Buches beziehen sich wie folgt auf die acht Sitzungen des Mindful-Parenting-Kurses *Mindful Parenting: Achtsamkeit und Selbstfürsorge für Eltern, das Manual für ein 8-Wochen-Programm* von Susan Bögels und Kathleen Restifo, 2014 erschienen im Arbor Verlag:

1 Achtsame Eltern (Erste Sitzung)
2 Sich selber Vater oder Mutter sein (Dritte Sitzung)
3 Elterlicher Stress (Vierte Sitzung)
4 Elterliche Erwartungen (Zweite Sitzung)
5 Streit und Wiedergutmachung (Sechste Sitzung)
6 Gemeinsam Eltern sein (Sechste Sitzung)
7 Grenzen setzen (Siebte Sitzung)
8 Schuldgefühle und Scham (Fünfte Sitzung)
9 Liebe macht blind (Siebte Sitzung)
10 Schemata (Fünfte Sitzung)
11 Eltern sein (Achte Sitzung und Follow-up-Sitzung)

Wenn Sie an einem Mindful-Parenting-Kurs unter der Leitung einer ausgebildeten Mindful-Parenting-Trainerin teilnehmen möchten, finden

Sie auf *www.arbor-seminare.de* in der Abteilung *Achtsamkeit mit Kindern* hiesige, deutschsprachige Kursangebote. Niederländische Kursangebote finden sie auf *www.uvamindsyou.nl.* Hier finden Sie Listen mit Mindful-Parenting-Trainerinnen, die über *UvA minds You* nach den von uns entwickelten Richtlinien ausgebildet und zertifiziert wurden.

Neben diesen Mindful-Parenting-Kursen gibt es auch allgemeine Achtsamkeitstrainings, an denen Sie teilnehmen können, um sich in Achtsamkeit und Meditation zu üben. Von vielen Zentren werden Stille-Tage angeboten, in denen gemeinsam einen Tag lang meditiert wird, und Sie können an Retreats teilnehmen, bei denen Sie einige Tage gemeinsam mit anderen meditieren.

Audiodateien zum Buch:
Auf *https://www.arbor-verlag.de/uebungen-boegels-elternsein* finden Sie die Audiodaten zu den Übungen des Buches in deutscher Übersetzung, gesprochen von Lienhard Valentin.

1 Sitzmeditation I – Atem und Körper, circa 10 Minuten
2 Bodyscan, circa 10 Minuten
3 Sitzmeditation II – Geräusche und Gedanken, circa 10 Minuten
4 Drei-Minuten-Atemraum, circa 3 Minuten
5 Laufmeditation, circa 10 Minuten
6 Meditation zu beliebigen Wahrnehmungen, circa 10 Minuten
7 Achtsame Bewegungsübungen, circa 10 Minuten
8 Mit schwierigen Gefühlen dasitzen, circa 10 Minuten

Danksagung

Ich möchte meinem Verlag Ambo/Anthos danken und hier besonders meiner Lektorin Frederike Doppenberg. Herzlichen Dank für das warme Willkommen in der Welt der Bücher für ein breites Publikum, für das in mich gesetzte Vertrauen und die Unterstützung und Begleitung während des Entstehungsprozesses dieses Buches.

Ich danke den folgenden international tätigen Mindfulness-Trainern und Wissenschaftlern vor allem für die Inspiration und die Unterstützung, die ich von ihnen bekommen habe, während ich das Mindful-Parenting-Training entwickelte: Chris Germer, Nirbhay Singh, Lienhard Valentin, Mark Williams, Jon und Myla Kabat-Zinn. Mein Dank an die Kollegen aus der Wissenschaft, den Kollegen unter den Therapeuten und den Mindfulness-Trainern. Was schätze ich mich glücklich, dass ich mit euch gemeinsam an den Mindful-Parenting-Trainings und den wissenschaftlichen Untersuchungen hierzu arbeiten darf. Der Platz reicht nicht, um mich bei allen Kollegen persönlich bedanken zu können, aber die folgenden Menschen möchte ich besonders erwähnen, da sie eine so wichtige Rolle während der wissenschaftlichen Untersuchungen und der klinischen Weiterentwicklung des Mindful Parentings gespielt haben: Evin Aktar, Jeanine Baartmans, Julia Biester, Esther de Bruin, Eddie Brummelmans, Lisa

Emerson, Anne Formsma, Joke Hellemans, Renée Meppelink, Dorreke Peijnenburg, Eva Potharst, Anna Ridderinkhof, Damiet Truijens, Rachel Vandermeulen und Irena Veringa.

Mein Dank auch an die Eltern, die an den Mindful-Parenting-Kursen teilgenommen haben. Sie sind solch eine wichtige Quelle der Inspiration beim Nachdenken über achtsame Erziehung. Danke für Ihr Vertrauen. Danke auch den Fachleuten, die an unserer Mindful-Parenting-Ausbildung in den Niederlanden und im internationalen Umfeld teilgenommen haben. Durch die Art und Weise, wie sie an der Ausbildung teilgenommen haben – nicht einfach nur als Fachleute, sondern auch als Menschen und Eltern –, habe ich so viel dazugelernt. Ich danke Renée Gloudemans dafür, dass sie mich in dem Prozess unterstützt hat, der notwendig ist, um nicht mehr nur für Wissenschaftler zu schreiben, sondern für Eltern, indem sie mir beibrachte, an meine eigene Stimme zu glauben. Walter Baghuis, danke für dein begeistertes Feedback zum Buch und das Mitdenken beim Titel.

Meinen Eltern, Joop und Nans, danke ich, denn ich profitiere immer mehr von ihrer für die damalige Zeit besonderen Erziehung, die ich genießen durfte. Meinen Brüdern und Schwestern, Paul, Gert, Corien und Cecile danke ich, denn ihr gehört unzertrennlich zu meiner Erziehung, danke für eure Liebe, Unterstützung und Gesellschaft, für die endlosen Stunden, in denen wir gespielt und geredet haben. Immer wieder sehne ich mich nach den Zeiten, als wir noch zusammenlebten, aber wer weiß, vielleicht werden wir das als alte Leutchen ja wieder so machen! Meinen Kindern, Thomas, Renate und Leyla, danke ich, denn eure Existenz schenkt meinem Leben Sinn, es ist mir eine Ehre, mit euch wachsen zu dürfen!

Anmerkungen

1 Kabat-Zinn, Jon, *Gesund durch Meditation: das große Buch der Selbstheilung.* Bern: O. W. Barth-Verlag 1991. TB-Ausgabe Frankfurt a.M.: Fischer Taschenbuch Verlag, 2006. Vollst. überarb. Aufl. München: Knaur-Verlag 2013) (orig. ders., *Full Catastrophe Living: Using the Wisdom of Your Body and Mind to Face Stress, Pain, and Illness.* New York: Dell Publishing, 1991, revised ed. New York: Bantam Books, 2013).

2 Hendriks, J. V., *Handwoordenboek van Nederlandsche Synoniemen*, Leiden: D. Mijs, 1909. Zitat in der Übertragung d. Übers.

3 Kabat-Zinn, Myla und Jon, *Mit Kindern wachsen: Die Praxis der Achtsamkeit in der Familie*, Freiburg: Arbor Verlag, 2013 (orig. dies., *Everyday Blessings: The Inner Work of Mindful Parenting*, London: Hachette UK, 1998; 2014).

4 Bögels, S. M., Restifo, K., *Mindful Parenting: Achtsamkeit und Selbstfürsorge für Eltern, das Manual für ein 8-Wochen-Programm*, Freiburg: Arbor Verlag, 2014.

5 Kabat-Zinn, Myla und Jon, persönliche Korrespondenz, September 2012.

6 Bögels, S. M., Rijsemus, W., de Jong, P. J., *Self-focused attention and social anxiety: The effects of experimentally heightened self-awareness on fear, blushing, cognitions, and social skills*, Cognitive Therapy and Research, 26 (2002), 461-472. Bögels, S. M., Alberts, M., de Jong, P. J., *Self-consciousness, self-focused attention, blushing propensity and fear of blushing*, Personality and Individual Differences, 21 (1996), 573-581.

Bögels, S. M., Lamers, C. T. J., *The causal role of self-awareness in blushing-anxious, socially-anxious and social phobics individuals*, Behaviour Research and Therapy, 40 (2002), 1367-1384.

7 Bögels, S. M., Mulkens, S., de Jong, P. J., *Practitioner task concentration report training and fear of blushing*, Clinical Psychology and Psychotherapy, 4 (1997), 251-258.

8 Bögels, S. M., Hoogstad, B., van Dun, L., de Schutter, S., Restifo, K., *Mindfulness training for adolescents with externalizing disorders and their parents*, Behavioural and Cognitive Psychotherapy, 36 (2008), 193-209.

9 Bögels, S. M., Hellemans, J., van Deursen, S., Römer, M., van der Meulen, R., *Mindful parenting in mental health care: Effects on parental and child psychopathology, parental stress, parenting, coparenting, and marital functioning*, Mindfulness, 5 (2014), 536-551.

10 Meppelink, R., de Bruin, E. I., Wanders-Mulder, F. H., Vennik, C. J., Bögels, S. M., *Mindful parenting training in child psychiatric settings: Heightened parental mindfulness reduces parents' and children's psychopathology*, Mindfulness, 7 (2016), 680-689.

11 Potharst, E. S., Baartmans, J. M. D., Bögels, S. M., *Mindful parenting in a clinical versus non-clinical setting: An explorative study*, (unveröffentlicht).

12 Siehe Anmerkung Nr. 4.

13 Knausgård, K. O., *Im Herbst*, München: Luchterhand, 2017.

14 Bianchi, S. M., *Maternal employment and time with children: Dramatic change or surprising continuity?*, Demography, 37 (2000), 401-414.

15 Valentin, Lienhard und Kunze, Petra, *Die Kunst, gelassen zu erziehen: Buddhistische Weisheit für den Familienalltag.* Freiburg: Arbor Verlag, 2017.

16 [Eisi4] (15. Juni 2009), Pflege I-1: loczy – Wo kleine Menschen groß werden (Video). Auf: www.youtube.com/watch?v=AG7MUM_d32I.

17 Fonagy, P., Gergely, G., Jurist, E. L., Target, T., *Affektregulierung, Mentalisierung und die Entwicklung des Selbst*, Stuttgart: Klett-Cotta, 6. Auflage, 2017 (orig. Dies., *Affect Regulation, Mentalization and the Development of the Self*, London: Karnac Books, 2004).

18 Frith, U., Asperger and his syndrome, in: Dies. (Hg.), *Autism and Asperger syndrome*, Cambridge: Cambridge University Press, 1991, 1-36.

19 Bögels, S. M., Restifo, K., *Mindful Parenting: Achtsamkeit und Selbstfürsorge für Eltern, das Manual für ein 8-Wochen-Programm*, Freiburg: Arbor Verlag, 2014, Kapitel 2: Elternverhalten und elterlicher Stress aus evolutionsgeschichtlicher Perspektive (orig. Dies., *Mindful Parenting: A Guide for Mental Health Practitioners*, New York: Springer, 2014).

20 Segal, Z. V., Williams, J. M. G., Teasdale, J. D., *Die achtsamkeitsbasierte kognitive Therapie der Depression: Ein neuer Ansatz zur Rückfallprävention*, Tübingen: dgvt-Verlag, 2015 (orig. Dies., *Mindfulness-based Cognitive Therapy for Depression*, New York: Guilford Press, 2012).

21 Bögels, S. M., van Oppen, P. (Hg.), *Cognitieve therapie: theorie en praktijk*, Houten: Bohn Stafleu van Loghum, 2015.

22 de Vente, W., Majdandžić, M., Colonnesi, C., Bögels, S. M., *Intergenerational transmission of social anxiety: The role of paternal and maternal fear of negative child evaluation and parenting behaviour*. In: Journal of Experimental Psychopathology, 2 (2011), S. 509-530.

23 Dumas, J. E., LaFreniere, P. J., *Mother-child relationships as sources of support or stress: A comparison of competent, average, aggressive, and anxious dyads*, Child Development, 64 (1993), 1732-1754.

24 Nhat Hanh, T., *Wahren Frieden schaffen*, München: Goldmann, 2008 (orig. ders., *Creating True Peace: Ending Violence in Yourself, Your Family, Your Community, and the World*, New York: Atria Books, 2003).

25 Maex, E., *Mindfulness: Der achtsame Weg durch die Turbulenzen des Lebens*, Freiamt im Schwarzwald: Arbor-Verlag, 2009 (orig. ders., *Mindfulness: In de maalstroom van je leven*, Houten: Lannoo, 2008).

26 Siegel, D. J., Hartzell, M., *Gemeinsam leben, gemeinsam wachsen: Wie wir uns selbst besser verstehen und unsere Kinder einfühlsam ins Leben begleiten können*, Freiamt im Schwarzwald: Arbor-Verlag, 2009 (orig. Dies., *Parenting from the Inside Out*, New York: Tarcher, 2003).

27 Germer, C., Siegel, R. (Hg.), *Weisheit und Mitgefühl in der Psychotherapie: Achtsame Wege zur Vertiefung der therapeutischen Praxis*, Freiburg: Arbor-Verlag, 2014, 136 (orig. Dies., *Wisdom and Compassion in Psychotherapy: Deepening Mindfulness in Clinical Practice*, New York: Guilford, 2012).

28 Brouwers, J., *De laatste deur. Essays over zelfmoord in de Nederlandstalige letteren*, Amsterdam: Synopsis, 1983.

29 Falconer, C. J., Slater, M., Rovira, A., King, J. A., Gilbert, P., Antley, A., Brewin, C. R., *Embodying compassion: A virtual reality paradigm for overcoming excessive self-criticism*, PloS ONE, 9 (2014), 1-7.

Falconer, C. J., Rovira, A., King, J. A., Gilbert, P., Antley, A., Fearon, P., Ralph, N., Slater, M., Brewin, C. R., *Embodying self-compassion within virtual reality and its effects on patients with depression*, British Journal of Psychiatry Open, 2, 2016, 74-80.

Itkowitz, C., *The surprising way researchers are using virtual reality to beat depression*, The Washington Post, 17.02.2016. Auf: https://www.washingtonpost.com/news/inspired-life/wp/2016/02/17/how-comforting-a-crying-child-in-virtual-reality-can-treat-depression-in-real-life/.

30 Neff, Kristin, *Selbstmitgefühl: Wie wir uns mit unseren Schwächen versöhnen und uns selbst der beste Freund werden*, München: Kailash, 2012 (orig. Dies., *Self-Compassion*, New York: William Morrow, 2011.)

31 Siehe oben Anmerkung Nr. 4.

32 Siehe oben Anmerkung Nr. 6.

33 Goetz, J. L., Keltner, D., Simon-Thomas, E., *Compassion: An evolutionary analysis and empirical review*, Psychological Bulletin, 136 (2010), 351.

34 Figley, C. R., Mitgefühlserschöpfung: Der Preis des Helfens, in: Stamm, B. H. (Hg.), *Sekundäre Traumastörungen: Wie Kliniker, Forscher und Erzieher sich vor traumatischen Auswirkungen ihrer Arbeit schützen können*, Paderborn: Junfermann, 2002. 41-59 (orig. Figley, C. R., Compassion fatigue: Toward a new understanding of the costs of caring, in: Stamm, B. H. (Hg.), *Secondary Traumatic Stress: Self-care Issues for Clinicians, Researchers, and Educators*, Baltimore: The Sidran Press, 1995, 3-28.

35 Salmela-Aro, K., Tynkkynen, L., Vuori, J., *Parents' work burn-out and adolescents' school burn-out: Are they shared?*, European Journal of Developmental Psychology, 8 (2011), 215-227.

36 Siehe oben Anmerkung Nr. 3.

37 Nhat Hanh, T., *Versöhnung mit dem inneren Kind: Von der heilenden Kraft der Achtsamkeit*, München: Barth, 2011 (orig. ders., *Healing the Inner Child*, Berkeley: Parallel Press, 2010).

38 Nhat Hanh, T., *Alles, was du tun kannst für dein Glück: Übungen für Körper, Seele und Geist*, Freiburg, Basel, Wien: Herder, 2013 (orig. ders., *Happiness*, Berkeley: Parallel Press, 2009.)

39 Knausgård, K. O., *Sterben*, München: Luchterhand Verlag, 2011.

40 Bögels, S. M., van Oppen, P. (Hg.), *Cognitieve therapie: theorie en praktijk*, Houten: Bohn Stafleu van Loghum, 2015.

41 LeDoux, J., *Das Netz der Gefühle: Wie Emotionen entstehen*, München: Dt. Taschenbuch-Verlag, 2001 (orig. ders., *The Emotional Brain: The Mysterious Underpinnings of Emotional Life*, New York: Simon & Schuster, 1996).

42 Taylor, S. E., Cousino Klein, L., Lewis, B. P., Gruenewald, T. L., Gurung, R. A. R., Updegraff, J. A., *Biobehavioral responses to stress in females: Tend-and-befriend, not fight-or-flight*, Psychological Review, 107 (2000), 411-429. Turton, S., Campbell, C., *Tend and befriend versus fight or flight: Gender differences in behavioral response to stress among university students*, Journal of Applied Biobehavioral Research, 10 (2005), 209-232.

43 Borkovec, T. D., Alcaine, O., Behar, E., *Avoidance theory of worry and generalized anxiety disorder, Generalized Anxiety Disorder: Advances in Research and Practice*, New York: Gilford, 2004.

McLaughlin, K. A., Borkovec, T. D., Sibrava, N. J., *The Effects of worry and rumination on affect states and cognitive activity*, Behavior Therapy, 38 (2007), 23-38.

44 Tolle, E., *Jetzt!: Die Kraft der Gegenwart*, Bielefeld: Kamphausen, 2010 (orig. ders., *The Power of Now: A Guide to Spiritual Enlightenment*, San Francisco: New World Library, 1999).

45 Coyne, L. W., Wilson, K. G., *The role of cognitive fusion in impaired parenting: An RFT analysis*, International Journal of Psychology and Psychological Therapy, 4 (2004), 468-486.

46 Khalil Gibran, „Von den Kindern" aus: Khalil Gibran, *Der Prophet.* Übersetzt von Karin Graf, Illustrationen von Stefanie Nickel. © Patmos Verlag der Schwabenverlag AG, Ostfildern 2014. www.verlagsgruppe-patmos.de

47 Martin, W., *Das Tao Te King für Eltern: Alte Weisheit für moderne Eltern,* Bielefeld: Aurum Verlag, 2011 (orig. ders., *The Parent's Tao Te Ching: Ancient Advice for Modern Parents,* Philadelphia: Da Capo Press, 1999).

48 Brown, B., *Verletzlichkeit macht stark: wie wir unsere Schutzmechanismen aufgeben und innerlich reich werden*, München: Goldmann, 2013.

49 Dies., *The power of vulnerability* (ted-talk), URL: https://www.ted.com/talks/brene_brown_on_vulnerability.

50 Siegel, R., *Achtsamkeit und Mitgefühl in Therapie und Gesellschaft*, Kongress Freiburg, 23.-25. Sept. 2016.

51 *Zomergasten in vijf minuten – Griet Op de Beeck*, video file vpro, 21.08.2016, URL: https://www.youtube.com/watch?v=E8e1Hl0ACQQ.

52 Campbell, J., *The Hero's Journey: Joseph Campbell on His Life and Work*, Novato: New World Library, 1990.

53 Archiv der Autorin, Dr. Naomi Eisenberger, University of California.

54 Nathan DeWall Laboratory of Social Psychology, University of Kentucky.

55 Alessandri, S. und Lewis, M., *Parental evaluation and its relation to shame and pride in young children*, Sex Roles, 29 (1993), 335-343.

56 Lewis, J. M., *Repairing the bond in important relationships: A dynamic for personality maturation*, American Journal of Psychiatry, 157 (2000), 1375-1378.

57 Vaillant G. E., *The Wisdom of the Ego: Sources of Resilience in Adult Life*, Cambridge: Harvard University Press, 1993.

58 Biringen, Z., Emde, R. N., Pipp-Siegel, S., *Dyssynchrony, conflict, and resolution: Positive contributions to infant development*, American Journal of Orthopsychiatry, 67 (1997), 4-19.

59 Diamond, G. S., Wintersteen, M. B., Brown, G. K., Diamond, G. M., Gallop, R., Shelef K., Levy, S., *Attachment-based family therapy for adolescents with suicidal ideation: A randomized controlled trial*, Journal of the American Academy of Child & Adolescent Psychiatry, 49 (2010), 122-131.

60 Bögels, S. M., Phares, V., *Fathers' role in the etiology, prevention and treatment of child anxiety: A review and new model*, Clinical Psychology Review, 28 (2008), 539-558.

61 Gottman, J. M., Krokoff, L. J., *Marital interaction and satisfaction: A longitudinal view*, Journal of Consulting and Clinical Psychology, 57 (1989), 47-72.

62 Kiecolt-Glaser, J., Malarkey, W. B., Chee, M. A., Newton, T., Cacioppo, J. T., Mao, H., Glaser, R., *Negative behavior during marital conflict is associated with immunological down-regulation*, Psychosomatic Medicine, 55 (1993), 395-409.

63 Cummings, E. M., Davies, P. T., *Effects of marital conflict on children: Recent advances and emerging themes in process-oriented research*, Journal of Child Psychology and Psychiatry, 43 (2002), 31-63.

64 Fonagy, P., Gergely, G., Jurist, E. L., Target, T., *Affektregulierung, Mentalisierung und die Entwicklung des Selbst*, Stuttgart: Klett-Cotta, 6. Auflage, 2017 (orig. Dies., *Affect Regulation, Mentalization and the Development of the Self*, London: Karnac Books, 2004.

65 Theodoridou, A., Rowe, A. C., Penton-Voak, I. S., Rogers, P. J., *Oxytocin increases perceived facial trustworthiness and attractiveness*, Hormones and Behavior, 56 (2009), 128-132.

66 Knausgård, K. O., *Sterben.* © 2011 Luchterhand Literaturverlag, München, in der Verlagsgruppe Random House GmbH. Übersetzung: Paul Berf.

67 dt. als: Kabat-Zinn, J., *Im Alltag Ruhe finden: Meditationen für ein gelassenes Leben.* München: Knaur Verlag, 1990.

68 Nhat Hanh, Thich, *Relationships – Community as family, parenting as a dharma door, and the five awarenesses.* The Mindfulness Bell, Nr. 3 (Herbst), 1990.

69 Majdandžić, M., de Vente, W., Feinberg, M. E., Aktar, E., Bögels, S. M., *Bidirectional associations between coparenting relations and family member anxiety: A review and conceptual model*, Clinical Child and Family Psychology Review, 15 (2012), 28-42.

70 Bögels, S. M., Lehtonen, A., Restifo, K., *Mindful parenting in mental health care*, Mindfulness, 1 (2010), 107-120.

71 Cummings, E. M., Simpson, K. S., Wilson, A., *Children's responses to interadult anger as a function of information about resolution*, Developmental Psychology, 29 (1993), 978.

Cummings, E. M., Ballard, M., El-Sheikh, M., Lake, M., *Resolution and children's responses to interadult anger*, Developmental Psychology, 27 (1991), 462.

Goeke-Morey, M. C., Cummings, E. M., Papp, L. M., *Children and marital conflict resolution: Implications for emotional security and adjustment*, Journal of Family Psychology, 21 (2007), 744.

McCoy, K., Cummings, E. M., Davies, P. T., *Constructive and destructive marital conflict, emotional security and children's prosocial behavior*, Journal of Child Psychology and Psychiatry, 50 (2009), 270-279.

72 Diamond, G. S., Liddle, H. A., *Transforming negative parent-adolescent interactions: From impasse to dialogue*, Family Process, 38 (1999), 5-26.

73 Bögels, S. M., Perotti, E. C., *Do fathers know best? A formal model of the paternal influence on childhood social anxiety*, Journal of Child and Family Studies, 20 (2011), 171-182.

Möller, E. L., Majdandžić, M., de Vente, W., Bögels, S. M., *The evolutionary basis of sex differences in parenting and its relationship with child anxiety in Western societies*, Journal of Experimental Psychopathology, 4, (2013), 88-117.

74 Siehe Anm. Nr. 70.

75 Bögels, S. M., Hellemans, J., van Deursen, S., Römer, M., van der Meulen, R., *Mindful parenting in mental health care: Effects on parental and child psychopathology, parental stress, parenting, coparenting, and marital functioning*, Mindfulness, 5 (2014), 536-551.

76 Karreman, A., Van Tuijl, C., Van Aken, M. A., Deković, M., *Parenting, coparenting, and effortful control in preschoolers*, Journal of Family Psychology, 22 (2008), 30.

77 Bardacke, Nancy, *Der achtsame Weg durch Schwangerschaft und Geburt*, Freiburg: Arbor-Verlag, 2013 (orig. Dies., *Mindful Birthing: Training the Mind, Body and Heart for Childbirth and Beyond*, Amsterdam: HarperCollins, 2012.

78 Bardacke, Nancy, *persönliche Kommunikation,* Amsterdam, Dezember 2012.

79 Kabat-Zinn, Myla und Kabat-Zinn, Jon, *Mit Kindern wachsen: Die Praxis der Achtsamkeit in der Familie*, Freiburg: Arbor Verlag, 2015, 67 (orig. Dies., *Everyday Blessings: The Inner Work of Mindful Parenting*, London: Hachette Uk, 1998; 2014).

80 Lengua, L. J., Honorado, E., Bush, N. R., *Contextual risk and parenting as predictors of effortful control and social competence in preschool children*, Journal of Applied Developmental Psychology, 28 (2007), 40-55.

81 Mattanah, J. F., *Parental psychological autonomy and children's academic competence and behavioral adjustment in late childhood: More than just limit-setting and warmth*, Merrill-Palmer Quarterly, 47 (2001), 355-376.

Schroeder, V. M., Kelley, M. L., *Family environment and parent-child relationships as related to executive functioning in children*, Early Child Development and Care, 180 (2010), 1285-1298.

82 Denham, S. A., Workman, E., Cole, P. M., Weissbrod, C., Kendziora, K. T., Zahn-Waxler, C., *Prediction of externalizing behavior problems from early to middle childhood: The role of parental socialization and emotion expression*, Development and Psychopathology, 12 (2000), 23-45.

83 MacKinnon, D. W., *The nature and nurture of creative talent*, American Psychologist, 17 (1962), 484.

84 Ginott, H. G., *The theory and practice of „therapeutic intervention“ in child treatment*, Journal of Consulting Psychology, 23 (1959), 160-166.

85 Koestner, R., Ryan, R. M., Bernieri, F., Holt, K., *Setting limits on children's behavior: The differential effects of controlling vs. informational styles on intrinsic motivation and creativity*, Journal of Personality, 52 (1984), 233-248.

86 Levy, T. M., Orlans, M., *Attachment, Trauma and Healing: Understanding and Treating Attachment Disorders in Children, Families and Adults*, London, Philadelphia: Jessica Kingsly Publishers, 2014.

87 Bögels, S. M., Perotti, E. C., *Do fathers know best? A formal model of the paternal influence on childhood social anxiety*, Journal of Child and Family Studies, 20 (2011), 171-182.

88 Pollan, M., *Lebens-Mittel: Eine Verteidigung gegen die industrielle Nahrung und den Diätenwahn*, München: Goldmann, 2009, 92 (orig. ders., *In Defense of Food: An Eater's Manifesto*, London: Penguin Books 2009).

89 Brown, B., *Listening to shame* (ted-talk), video file URL: https://www.youtube.com/watch?v=psN1DORYYV0

90 Kim, W. O., Kang, H. S., Cho, K. J., Song, Y. A., Ji, E. S., *Comparative study on parenting stress, guilt, parenting attitude, and parenting satisfaction between mothers with a hemophilic child and a healthy child*, Korean Journal of Women Health Nursing, 14 (2008), 270-277.

91 McDonald, G., O'Brien, L., Jackson, D., *Guilt and shame: Experiences of parents of self-harming adolescents*, Journal of Child Health Care, 11 (2007), 298-310.

92 Meirsschaut, M., Roeyers, H., Warreyn, P., *Parenting in families with a child with autism spectrum disorder and a typically developing child: Mothers' experiences and cognitions*, Research in Autism Spectrum Disorders, 4 (2010), 661-669.

93 McBride, B. A., Schoppe, S. J., Rane, T. R., *Child characteristics, parenting stress, and parental involvement: Fathers versus mothers*, Journal of Marriage and Family, 64 (2002), 998-1011.

94 Schaeffer, C. E., *Night waking and temperament in early childhood*, Psychological Reports 67 (1990), 192-194.

95 Appel, J., *Wrong Time, Wrong Place*, idfa Eröffnungsfilm 2012.

96 Harvey, O. J., Gore, E. J., Frank, H., Batres, A. R., *Relationship of shame and guilt to gender and parenting practices*, Personality and Individual Differences, 23 (1997), 135-146.

97 Rotkirch, A., Janhunen, K., *Maternal guilt*, Evolutionary Psychology, 8 (2010), 90-106.

98 Tangney, J. P., Miller, R. S., Flicker, L., Barlow, D. B., *Are shame, guilt, and embarrassment distinct emotions?*, Journal of Personality and Social Psychology, 70 (1996), 1256-1269.

99 Sanders, A., Diekstra, R., *'Het is net alsof ik hier niet hoor ...': Leven en dood van een dertienjarige*, Amsterdam: Prometheus, 2016.

100 Aron, A., Aron, E. N., Tudor, M., Nelson, G., *Close relationships as including other in the self*, Journal of Personality and Social Psychology, 60 (1991), 241-253.

101 de Vente, W., Majdandžic, M., Colonnesi, C. und Bögels, S. M., *Intergenerational transmission of social anxiety: The role of paternal and maternal fear of negative child evaluation and parenting behaviour*, Journal of Experimental Psychopathology, 2 (2011), 509-530.

102 Knausgård, K. O., *Kämpfen*. © 2017 Luchterhand Literaturverlag, München, in der Verlagsgruppe Random House GmbH. Übersetzung: Paul Berf / Ulrich Sonnenberg.

103 Lickel, B., Schmader, T., Curtis, M., Scarnier, M., Ames, D. R., *Vicarious shame and guilt*, Group Processes and Intergroup Relations, 8 (2005), 145-157.

104 Tangney, J. P., Wagner, P., Fletcher, C., Gramzow, R., *Shamed into anger? The relation of shame and guilt to anger and self-reported aggression*, Journal of Personality & Social Psychology, 62 (1992), 669-675.

105 Scarnier, M., Schmader, T., Lickel, B., *Parental shame and guilt: Distinguishing emotional responses to a child's wrongdoings*, Personal Relationships, 16 (2009), 205-220.

106 Shapiro, F. R., *Who wrote the serenity prayer?*, The Chronicle Review, 28.04.2014.

107 Rogers, C. R., *Der neue Mensch*, Stuttgart: Klett-Cotta, 8. Auflage, 2007 (orig. ders., *A Way of Being*, New York: Mariner Books, 1995).

108 Murray, L., Hentges, F., Hill, J., Karpf, J., Mistry, B., Kreutz, M., Woodall, P., Moss, T., Goodacre, T., *The effect of cleft lip and palate, and the timing of lip repair on mother-infant interactions and infant development*, Journal of Child Psychology and Psychiatry, 49 (2008), 115-123.

109 Cheron, D. M., Ehrenreich, J. T., Pincus, D. B., *Assessment of parental experiential avoidance in a clinical sample of children with anxiety disorders*, Child Psychiatry and Human Development, 40 (2009), 383-403.

110 Kübler-Ross, E., Kessler, D., *Dem Leben neu vertrauen: den Sinn des Trauerns durch die fünf Stadien des Verlusts finden*, Stuttgart: Kreuz, 2006 (orig. Dies., *On Grief and Grieving: Finding the Meaning of Grief Through the Five Stages of Loss*, New York: Simon & Schuster, 2005; 2014).

111 Bögels, S. M., Restifo, K., *Mindful Parenting: Achtsamkeit und Selbstfürsorge für Eltern, das Manual für ein 8-Wochen-Programm*, Freiburg: Arbor Verlag, 2014 (orig. Dies., *Mindful Parenting: A Guide for Mental Health Practitioners*, New York: Springer, 2014).

112 Young, J. E., Klosko, J. S., Weishaar, M. E., *Schematherapie: Ein praxisorientiertes Handbuch*, Paderborn: Junfermann, 2005 (orig. Dies., *Schema Therapy: A Practioner's Guide*, New York: Guilford Publications, 2003).

Young, J. E., Klosko, J. S., *Sein Leben neu erfinden: Wie Sie Lebensfallen meistern*, Paderborn: Junfermann 2006 (Orig. Dies., *Reinventing Your Life: The Breakthrough Program to End Negative Behavior and Feel Great Again: How to Break Free from Negative Life Patterns*, New York: Plume, 1994).

113 Siehe Anm. Nr. 111.

114 Nhat Hanh, Thich, *Ärger: Befreiung aus dem Teufelskreis destruktiver Emotionen*, München: Goldmann, 2002 (orig. ders., *Anger: Wisdom for Cooling the Flame*, New York: Riverhead Books, 2001).

115 Bögels, S. M., Hoogstad, B., van Dun, L., de Schutter, S., Restifo, K., *Mindfulness training for adolescents with externalizing disorders and their parents*, Behavioural and Cognitive Psychotherapy, 36 (2008), 193-209.

116 Potharst, E., Aktar, E., Rexwinkel, M., Rigterink, M., Bögels, S. M., *Mindful with your baby: Feasibility, acceptability, and effects of a mindful parenting group training for mothers and their babies in a mental health context*, Mindfulness (im Druck), DOI: 10.1007/s12671-017-0699-9, 2017.

117 Veringa, I. K., de Bruin, E. I., Bardacke, N., Duncan, L. G., van Steensel, F. J., Dirksen, C. D., Bögels, S. M., *'I've Changed My Mind', Mindfulness-Based Childbirth and Parenting (MBCP) for pregnant women with a high level of fear of childbirth and their partners: Study protocol of the quasi-experimental controlled trial*, BMC Psychiatry, 16 (2016), 377.

118 Nhat Hanh, T., *Das Herz von Buddhas Lehre: Leiden verwandeln – die Praxis des glücklichen Lebens*, Freiburg im Breisgau, Basel, Wien: Herder, 2004 (orig. ders., *The Heart of Buddha's Teaching: Transforming Suffering into Peace, Joy and Liberation*, New York: Harmony, 1999.

Weitere Literatur aus dem Arbor Verlag

Susan Bögels & Kathleen Restifo

Mindful Parenting

Achtsamkeit und Selbstfürsorge für Eltern

Elternsein ist mit vielen Freuden, aber auch mit Herausforderungen verbunden, die beträchtliche Stressbelastungen verursachen können – insbesondere dann, wenn ein Kind oder ein Elternteil an einer psychischen Erkrankung leidet oder die partnerschaftliche Beziehung von Konflikten geprägt ist. Doch selbst unter optimalen Bedingungen können die ständigen Veränderungen, die der Alltag mit Kindern mit sich bringt, die psychischen Ressourcen von Müttern und Vätern so erschöpfen, dass auch beste Absichten und Elternkurse nicht weiterhelfen.

Sein klinischer Fokus und die empirische Fundierung machen *Mindful Parenting* zu einem wertvollen Instrument für alle, die in Kinder-, Schul-, Familien- und Entwicklungspsychologie, Psychotherapie, Psychiatrie, Sozialarbeit und Beratung tätig sind.

ISBN 978-3-86781-111-8

Lienhard Valentin & Petra Kunze

Die Kunst, gelassen zu erziehen

Achtsamkeit im Leben mit Kindern

„Bis ich Mutter wurde, konnte ich in der schönen Illusion leben, ein netter Mensch zu sein!"

Kennen Sie das? Dieses Zitat stammt von einer Mutter in einem Elternseminar. Kinder sind wundervolle, zauberhafte Wesen. Aber: Sie können uns manchmal auch zur Weißglut treiben. In diesem Buch erfahren Sie:

- wie Sie mit Ihren Kindern auch im täglichen Familienchaos und in schwierigen Situationen *achtsamer, gelassener und liebevoller* umgehen können;
- wie Sie sich klarer werden können über Ihre Haltung zu sich und zu Ihren Kindern;
- wie Sie Wichtiges von Unwichtigem unterscheiden, manches ändern und anderes *loslassen*;
- wie Sie eine neue, *harmonischere und glücklichere* Familien-Atmosphäre schaffen können.

„Dieses Buch weist uns einen wirkungsvollen, wahrhaft praktischen Weg, um unsere Kinder achtsam ins Leben zu begleiten."

Jon und Myla Kabat-Zinn

ISBN 978-3-86781-142-2

Myla & Jon Kabat-Zinn

Mit Kindern wachsen

Die Praxis der Achtsamkeit in der Familie

Der erfolgreiche Klassiker – jetzt in einer vollständig überarbeiteten Neuausgabe

18 Jahre nach der ersten Auflage von Mit Kindern wachsen haben Myla und Jon Kabat-Zinn ihr Buch grundlegend überarbeitet – dabei aber die Essenz der ursprünglichen Ausgabe bewahrt: dass das Leben mit Kindern ein Weg von ungeahnter Tiefe und Erfüllung sein kann.
Nie zuvor sind die wissenschaftlichen Beweise so unwiderlegbar gewesen, dass die Schulung von Achtsamkeit ausgeprägte positive Effekte für uns selbst und für alle haben kann, mit denen wir zusammenleben. Und nie zuvor ist es für Eltern wichtiger gewesen, diese Veranlagung, die wir alle haben, zu kultivieren – zu Bewusstheit und herzlicher Offenheit für den gegenwärtigen Moment und letztendlich zu größerer Weisheit, wie man ein erfülltes und sinnvolles Leben führen kann.
Die behandelten Themen sind vielfältig und reichen von grundsätzlichen Überlegungen bis hin zu vielen praktischen Beispielen und konkreten Hinweisen für ein harmonisches Leben mit Kindern. Ein wertvoller Ratgeber für alle, die in ihrem Elterndasein neue Wege gehen möchten.

ISBN 978-3-86781-141-5

Online

Umfangreiche Informationen zu unseren Themen, ausführliche Leseproben aller unserer Bücher, einen versandkostenfreien Bestellservice und unseren kostenlosen Newsletter. All das und mehr finden Sie auf unserer Website.

www.arbor-verlag.de

Mehr von Susan Bögels

www.arbor-verlag.de/susan-boegels

Seminare

Die gemeinnützige *Arbor-Seminare gGmbH* organisiert regelmäßig Seminare und Weiterbildungen mit führenden Vertretern achtsamkeitsbasierter Verfahren.
Nähere Informationen finden Sie unter:

www.arbor-seminare.de